IA - INTELIGENCIA AUDIOVISUAL

Mauro Varona

Tabla de contenidos

Introducción

Bienvenido al amanecer de una nueva era en la creación audiovisual, donde la línea entre la imaginación humana y el poder de la inteligencia artificial (IA) se difumina. Esta fusión da lugar a un nuevo paradigma que llamaremos "IAudiovisual", una simbiosis perfecta entre creatividad humana y tecnología, redefiniendo cómo creamos, distribuimos y experimentamos el contenido audiovisual.

Recuerdo aquellos días en que el VHS y el Betacam dominaban la producción, y las largas noches en salas de edición analógica, rodeado de cassettes, monitores de vídeo y consolas de mezcla de audio. También recuerdo la primera vez que edité digitalmente, un momento que marcó el inicio de la transformación tecnológica en nuestra industria. Eso fue hace más de 30 años.

Desde entonces, he sido testigo de una evolución vertiginosa que ha hecho la producción más accesible y eficiente. Sin embargo, cuanto más avanza la tecnología, más me pregunto sobre su relación con la creatividad. ¿Cómo puede ayudarnos a expresarnos mejor? ¿Cómo puede elevar la calidad de lo que creamos?

La inteligencia artificial es, sin duda, una de las tecnologías más emocionantes y prometedoras de hoy. Sin embargo, también es motivo de debate. Algunos creen que la IA sustituirá a los humanos en la creación de contenido audiovisual, pero no es mi caso. La IA debe ser un complemento, no un reemplazo. La creatividad, la visión y la pasión son insustituibles. Lo que la IA puede hacer es simplificar tareas repetitivas, analizar grandes volúmenes de datos y ayudar en la toma de decisiones, pero nunca reemplazará la chispa creativa que hace único el trabajo humano.

Este auge en la creación y distribución de contenido audiovisual también plantea importantes cuestiones éticas: ¿Quién es el dueño de una obra creada con IA? ¿Cómo protegemos los derechos de autor en un entorno donde la información se reproduce y comparte tan fácilmente? ¿Qué responsabilidad tenemos como creadores en cuanto a la veracidad de la información que compartimos? Estas preguntas son clave para comprender los desafíos éticos y legales de la producción en la era digital.

A pesar de estos retos, creo firmemente que la IA es una herramienta poderosa. En este libro exploraremos cómo los creadores pueden usarla para mejorar tanto la calidad como la eficiencia de su trabajo.

Este libro es una guía práctica, dirigida a cualquier profesional audiovisual, desde creadores independientes hasta grandes equipos de producción. Ya sea que estés creando contenido para cine, televisión o redes sociales, aquí encontrarás información y herramientas valiosas sobre cómo aprovechar al máximo la IA en tu trabajo. Cubriremos todo, desde la creación de contenido hasta su distribución, y cómo la IA puede transformar cada fase del proceso.

Es probable que algunos capítulos te resulten complejos o no directamente aplicables a tu trabajo actual. Por ejemplo, si eres un creador de contenido para TikTok, el capítulo sobre presupuestos puede parecerte irrelevante por ahora. Sin embargo, estos temas están diseñados para ser una inversión a futuro. Aunque no los necesites de inmediato, los conceptos y técnicas que aquí se presentan te ayudarán a elevar la calidad de tu trabajo con el tiempo.

Cada herramienta y técnica mencionada en este libro está diseñada para evolucionar con el tiempo. Lo que hoy es tendencia, mañana podría ser reemplazado por algo más avanzado. Mi objetivo es que, al terminar este libro, te sientas inspirado a explorar, investigar y mantenerte siempre al día con las innovaciones que están transformando nuestro campo.

Por último, espero que disfrutes leyendo este libro tanto como yo disfruté escribiéndolo. Cada técnica y concepto aquí presentado está diseñado para potenciar tu creatividad y facilitar tu trabajo, pero la verdadera diferencia la marcarán tu visión y talento. ¡Que este libro sea el inicio de una nueva etapa en tu carrera hacia proyectos más innovadores y emocionantes!

La trayectoria de la IA en el mundo audiovisual

El impacto de la inteligencia artificial en el sector audiovisual ha sido revolucionario, transformando cada etapa del proceso creativo. Para entender cómo hemos llegado aquí, es esencial explorar los hitos clave en la evolución de la IA en esta industria y su creciente influencia en la forma en que creamos, producimos y distribuimos contenido audiovisual.

Los primeros indicios del potencial de la IA en el audiovisual se remontan a las décadas de 1960 y 1970, cuando cineastas pioneros comenzaron a experimentar con algoritmos capaces de generar formas geométricas y patrones visuales en la pantalla. Aunque rudimentarios, estos experimentos sentaron las bases para la idea de que las máquinas podrían, algún día, formar parte del proceso creativo. En esa época, las limitaciones tecnológicas restringían el uso de la IA, pero ya se intuía su promesa.

Con los avances en el procesamiento de datos y la creciente capacidad de las computadoras, la IA comenzó a integrarse más en los procesos de producción audiovisual. En la década de 1990, se hizo evidente su potencial cuando algoritmos de IA fueron utilizados para generar movimientos y comportamientos realistas en personajes animados. Películas como Toy Story y Jurassic Park marcaron un antes y un después, combinando la inteligencia humana con el poder de los algoritmos para crear efectos visuales antes inimaginables.

Al entrar en el siglo XXI, la IA pasó de ser una herramienta complementaria para los efectos visuales a jugar un rol más integral en la producción audiovisual. La edición de video, por ejemplo, se agilizó con la ayuda de algoritmos capaces de seleccionar automáticamente tomas y sincronizar pistas de audio. Además, el aprendizaje automático permitió analizar grandes volúmenes de datos, brindando a los creadores información valiosa sobre las preferencias del público. Esta capacidad no solo optimizó la creación de contenido, sino que también revolucionó su distribución: plataformas como Netflix y YouTube utilizan IA para personalizar recomendaciones, cambiando para siempre la forma en que consumimos entretenimiento.

Durante la última década, el uso de la inteligencia artificial en la industria audiovisual ha crecido de manera exponencial. Hoy en día, la IA no se limita a la postproducción o distribución, sino que también está presente en la misma fase creativa. Herramientas de IA generativa permiten a los creadores diseñar storyboards, escribir guiones e incluso crear personajes animados, todo a partir de algoritmos. Esto ha democratizado el proceso creativo, permitiendo que creadores independientes compitan con grandes estudios que antes monopolizaban los recursos.

Un avance reciente particularmente impactante es la capacidad de las IA para "entender" el lenguaje natural y generar contenido de manera autónoma. Un ejemplo notable es la creación de trailers de películas generados por IA, donde el sistema analiza el material, selecciona las escenas clave y las edita en un formato atractivo para la audiencia. Aunque este progreso es impresionante, plantea preguntas sobre el futuro de ciertos roles en la industria. La automatización que ofrece la IA obliga a los profesionales a adaptarse y encontrar formas de colaborar con la tecnología, en lugar de competir contra ella. Aunque el toque final sigue siendo humano, la IA ha simplificado enormemente procesos complejos al analizar grandes volúmenes de datos en poco tiempo.

El impacto económico y operativo de esta evolución es innegable. La IA ha recorrido un largo camino en el sector audiovisual, y su futuro es prometedor. A medida que estas herramientas continúan perfeccionándose, su capacidad para integrarse en el proceso creativo será aún más profunda. Sin embargo, es fundamental recordar que, aunque la IA acelera procesos y abre nuevas posibilidades, la creatividad humana sigue siendo el núcleo de cualquier proyecto audiovisual.

Ventajas de la IA y consideraciones éticas.

La inteligencia artificial (IA) está revolucionando la creación, producción y distribución de contenido en el mundo audiovisual. Aunque esta tecnología ofrece herramientas poderosas, es fundamental recordar que la creatividad humana es el alma de nuestras historias y proyectos. La IA debe ser vista como una aliada, no como un reemplazo de nuestra visión y voz creativa.

Imagina poder dedicar más tiempo a perfeccionar tu guion mientras un asistente virtual organiza tu agenda de rodaje. O contar con un sistema que sugiera locaciones basadas en las descripciones de tu historia. Estas son solo algunas de las ventajas que la IA nos brinda, permitiéndonos enfocarnos en lo que realmente importa: crear historias únicas y cautivadoras.

En la postproducción, las herramientas de IA redefinen lo que es posible en términos de eficiencia y calidad. Algoritmos avanzados pueden realizar tareas de edición básica, sugiriendo cortes y transiciones que se alinean con el ritmo narrativo. Sin embargo, esto no significa que los editores humanos queden obsoletos. Por el contrario, la IA libera su tiempo para que se concentren en decisiones creativas más complejas y sutiles que dan forma al tono y al impacto emocional de la pieza final.

Además, la IA democratiza el acceso a técnicas de producción antes reservadas a grandes estudios con presupuestos multimillonarios. Herramientas de composición visual basadas en IA permiten a creadores independientes generar efectos visuales de alta calidad a un costo mucho más accesible. Esto abre las puertas a una nueva era de creatividad, donde las limitaciones presupuestarias ya no son un obstáculo para dar vida a visiones ambiciosas.

No obstante, con este gran poder viene una gran responsabilidad. Al integrar la IA en nuestros procesos creativos, debemos ser conscientes de las consideraciones éticas que surgen. La autenticidad y la originalidad son pilares fundamentales de nuestra industria. Es crucial establecer pautas claras sobre cómo y cuándo utilizar contenido generado por IA. ¿Cómo aseguramos que nuestras creaciones sigan siendo genuinamente humanas cuando incorporamos elementos producidos por máquinas?

Además, es vital estar atentos a los sesgos presentes en los algoritmos de IA. Estos sistemas aprenden de datos históricos que pueden perpetuar estereotipos o representaciones poco diversas. Como creadores, tenemos la responsabilidad de cuestionar y corregir estos sesgos, asegurándonos de que nuestras producciones reflejen la rica diversidad del mundo real. La protección de la propiedad intelectual es otro aspecto crucial a considerar. Con la capacidad de la IA para analizar y generar contenido basado en obras existentes, se vuelve imperativo establecer marcos legales y éticos claros que protejan los derechos de los creadores originales y fomenten la innovación.

Al mirar hacia el futuro, podemos vislumbrar un horizonte lleno de posibilidades emocionantes. La IA podría evolucionar hasta el punto de generar guiones completos a partir de premisas simples o crear avatares digitales tan realistas que sean indistinguibles de actores reales. Sin embargo, la verdadera magia seguirá residiendo en la visión única del creador humano, en su capacidad para conectar emocionalmente con la audiencia y contar historias que resuenen con la experiencia humana.

Al final del día, es importante recordar que la tecnología es solo un medio para un fin. La esencia de nuestro oficio reside en nuestra habilidad para contar historias que conmuevan, inspiren y transformen. La IA puede ser una aliada poderosa en este viaje, pero eres tú, con tu visión única y tu voz creativa, quien tiene el poder de crear obras que perduren en el tiempo y toquen el corazón de las audiencias.

Descubriendo el Poder de la IA en el Audiovisual

En el vasto universo de la creación audiovisual, los momentos de descubrimiento son el motor que impulsa grandes proyectos. Estos destellos de creatividad, donde una idea resuena con claridad, son comúnmente conocidos como "Momentos Eureka". Con la llegada de la inteligencia artificial (IA), estas revelaciones han tomado una nueva forma, amplificando las capacidades creativas de directores, productores, editores y diseñadores. La IA ha demostrado ser una aliada no solo en la optimización de procesos, sino también en la expansión del potencial creativo. Pero, ¿cómo hemos llegado a este punto? ¿Qué hace que hoy, más que nunca, la IA sea un motor clave en la creación audiovisual?

A lo largo de los años, el audiovisual ha atravesado múltiples fases de transformación. Desde la llegada del cine sonoro y los efectos especiales hasta la revolución digital, cada avance ha supuesto nuevos desafíos y oportunidades para redefinir los límites de lo posible. Hoy, la IA se posiciona como el siguiente gran paso en esta evolución. Ha dejado de ser vista solo como una herramienta técnica para automatizar tareas y ha comenzado a ser percibida como una colaboradora creativa, capaz de generar, inspirar y potenciar ideas que antes solo se vislumbraban en la mente humana.

Los beneficios de la IA en el ámbito audiovisual son evidentes, pero lo realmente revelador es su capacidad para facilitar esos momentos "Eureka". Anteriormente, la creación de un guion, el diseño de una escena o la búsqueda de la música perfecta podían ser procesos largos y llenos de ensayo y error. Hoy, con las herramientas adecuadas, puedes descubrir alternativas, visualizaciones y soluciones casi instantáneamente.

Imagina que trabajas en el diseño de un set para una película futurista. Sabes qué sensaciones deseas evocar, pero aún no logras visualizar los detalles precisos. Con una IA generadora de imágenes, puedes ingresar un prompt como "una ciudad en ruinas al atardecer, con una atmósfera nostálgica y tonos cálidos", y en cuestión de segundos, obtendrás múltiples opciones visuales que te servirán como referencia o inspiración.

El impacto económico y operativo de este cambio es significativo. La IA no solo ahorra tiempo en la creación y conceptualización de ideas, sino que también reduce los costos asociados a la preproducción, permitiendo que las ideas fluyan sin que la falta de recursos sea un obstáculo. Herramientas como DALL·E, Runway y ChatGPT han demostrado ser impulsoras clave de la creatividad. Directores que antes dependían de largos procesos de brainstorming ahora pueden utilizar la IA para generar ideas de guion o conceptos visuales en cuestión de minutos.

Un buen punto de partida para integrar estas herramientas en tu trabajo es experimentar con prompts específicos que resuenen con tus objetivos creativos. Si estás desarrollando un guion, podrías utilizar una IA generativa de texto para proponer líneas de diálogo, ideas para escenas o incluso variaciones de personajes.

Sin embargo, estos avances requieren un cambio de mentalidad. Debes ver a la IA no como una sustituta, sino como un catalizador para tus ideas. La creatividad humana sigue siendo la fuerza impulsora; la IA simplemente te ofrece una manera de explorarlas más rápidamente y con mayor amplitud. Hacia el futuro, es probable que veamos herramientas más especializadas, capaces de comprender el estilo personal de un creador y generar resultados que se alineen de manera más precisa con su visión.

Para ti, el reto no es adaptarte a la IA, sino aprovechar su potencial para descubrir nuevos territorios creativos. El momento "Eureka" siempre será tuyo, pero ahora tienes una herramienta que puede ayudarte a encontrarlo más rápido y con mayor claridad. La inteligencia artificial no es el fin del proceso creativo; es una extensión de tu capacidad de soñar, diseñar y contar historias.

Mitos sobre la IA en el audiovisual

A lo largo de la historia, cada innovación tecnológica ha despertado una mezcla de entusiasmo y temor, y la inteligencia artificial (IA) en el mundo audiovisual no es la excepción. A medida que la IA ha ganado terreno en diversas áreas de la producción, han surgido múltiples mitos que confunden y distorsionan su verdadero alcance. Estos mitos no solo afectan la manera en que los profesionales del sector visualizan el uso de la IA, sino que también pueden frenar su adopción y el aprovechamiento de sus beneficios.

Uno de los mitos más comunes es que la IA reemplazará a los creadores humanos. Aunque la IA ha demostrado ser capaz de realizar tareas como la generación de imágenes, la edición de videos o la creación de guiones, esto no significa que esté en posición de sustituir la creatividad humana. Por el contrario, la IA es una herramienta que amplifica nuestras habilidades y optimiza procesos que, de otro modo, consumirían tiempo y energía valiosa. Por ejemplo, puede encargarse de la edición de secuencias repetitivas o de la generación automática de versiones alternativas de un clip, pero el juicio y el toque artístico necesarios para contar una historia visual siguen estando en manos de los creadores.

Otro mito común es que la IA está diseñada únicamente para grandes estudios con presupuestos millonarios, excluyendo a creadores independientes o pequeños equipos. En realidad, el acceso a herramientas basadas en IA se ha democratizado. Plataformas como Runway o Deep Art Effects permiten a cualquier profesional del audiovisual, sin importar el tamaño de su equipo o presupuesto, integrar la IA en su flujo de trabajo. Estas herramientas no solo facilitan tareas técnicas, sino que también brindan acceso a procesos creativos, como el diseño de efectos visuales o la mejora de imágenes, que antes requerían infraestructura avanzada. Así, la IA está al alcance de cualquier creador que desee aprovechar su potencial.

Existe también la creencia de que la IA limitará la originalidad en el proceso creativo, estandarizando los resultados. Este mito surge de un malentendido sobre el funcionamiento de las IA generativas. Si bien estas herramientas pueden sugerir patrones y soluciones basadas en datos previos, la verdadera innovación proviene de la combinación de estas sugerencias con la visión única del creador humano. Por ejemplo, al generar imágenes conceptuales para una película, la IA puede proponer varias alternativas a partir de un prompt, pero es el ojo del director quien decide qué camino seguir, combinando o descartando opciones. En este sentido, la IA facilita la experimentación creativa y abre puertas a nuevas posibilidades.

Un mito que genera resistencia a la adopción de la IA es la creencia de que estas herramientas son demasiado complicadas para los profesionales sin un trasfondo técnico. Si bien algunas herramientas pueden requerir conocimientos avanzados, muchas plataformas han sido diseñadas con interfaces amigables e intuitivas que permiten a cualquier usuario comenzar a utilizarlas con facilidad.

La curva de aprendizaje es mucho más corta de lo que se piensa; el verdadero desafío radica en cambiar la mentalidad del usuario, no en entender la tecnología. Por ejemplo, un editor de video puede aprender rápidamente a utilizar herramientas de IA para mejorar la calidad de imagen o automatizar la detección de escenas, sin necesidad de conocer en profundidad los algoritmos subyacentes.

El mito de que la IA en el audiovisual es costosa también se ha extendido, desalentando a muchos a explorar sus ventajas. Aunque algunas herramientas de IA avanzadas pueden tener un costo, muchas ofrecen versiones gratuitas o modelos de suscripción accesibles. Además, la inversión en IA puede generar ahorros a largo plazo al reducir el tiempo necesario para completar tareas repetitivas. Por ejemplo, un equipo de producción que utilice IA para la automatización de subtítulos en múltiples idiomas puede evitar los altos costos de servicios externos, manteniendo el control y la eficiencia dentro del equipo.

Finalmente, otro mito importante es que la IA en el audiovisual no puede ser ética o que su uso genera dilemas morales. Es cierto que la implementación de IA plantea preguntas éticas, especialmente en lo que respecta a la autoría y la transparencia. Sin embargo, la ética en la IA depende en gran medida de cómo la utilicemos. Debemos ver la IA como un apoyo al trabajo creativo, no como un medio para reemplazar la intervención humana sin el debido reconocimiento. En última instancia, la responsabilidad sobre el uso ético de la IA recae en los profesionales del sector audiovisual.

Lejos de ser una amenaza o un sustituto de la creatividad, la IA es una extensión de la misma. La clave está en entender su verdadero potencial y desmitificar su uso para permitir que se convierta en una herramienta transformadora. En lugar de temer que la IA reemplace el trabajo humano, debemos verla como una oportunidad para liberar tiempo y concentrarnos en lo que realmente importa: el arte, la visión y la creatividad que cada uno de nosotros puede aportar a este campo en constante evolución.

Integración de la IA en el flujo de trabajo audiovisual

La producción audiovisual es un proceso que involucra múltiples fases, desde la conceptualización inicial hasta la postproducción y entrega final. Tradicionalmente, este flujo de trabajo ha requerido una considerable cantidad de tiempo, esfuerzo y coordinación entre diferentes departamentos. Con la llegada de la inteligencia artificial (IA), es posible optimizar cada una de estas etapas, haciendo el proceso más eficiente sin comprometer la calidad creativa. Integrar la IA en el flujo de trabajo no es solo cuestión de adoptar nuevas tecnologías, sino de aprender a colaborar con estas herramientas para liberar tiempo y energía que antes se invertía en tareas repetitivas o complejas.

En la fase de preproducción, la IA desempeña un papel clave en la planificación. Herramientas como Celtx utilizan inteligencia artificial para automatizar la creación de guiones, ayudando a organizar ideas más rápidamente y sugiriendo ajustes en diálogos o la estructuración de escenas, basándose en patrones exitosos de otras producciones. Además, los sistemas de IA pueden analizar guiones en busca de inconsistencias, redundancias o potenciales mejoras narrativas, permitiéndote afinar tu historia desde una perspectiva diferente.

Una vez que se pasa a la producción, la IA optimiza la logística. Aplicaciones como StudioBinder o ShotLister, equipadas con algoritmos inteligentes, organizan horarios, listas de toma y asignación de recursos, ayudando a minimizar errores humanos en la planificación. Durante la captura de imágenes, tecnologías como cámaras con seguimiento automático basadas en IA o drones controlados por algoritmos permiten obtener tomas precisas sin la intervención constante de los operadores. Estas herramientas no buscan reemplazar a los camarógrafos, sino complementar su trabajo, permitiéndoles concentrarse en el aspecto creativo mientras la IA gestiona las tareas más técnicas o repetitivas.

Al llegar a la etapa de postproducción, la integración de la IA se vuelve aún más notable. Aquí, el uso de la inteligencia artificial no solo acelera los procesos, sino que también abre nuevas posibilidades creativas. Herramientas como Adobe Sensei o DaVinci Resolve AI utilizan algoritmos avanzados para agilizar la edición de video y el ajuste de color, identificando automáticamente los mejores momentos de las grabaciones, sugiriendo cortes y transiciones, e incluso ajustando la corrección de color de manera precisa. Esto no solo reduce el tiempo de trabajo, sino que garantiza una consistencia visual que, sin IA, requeriría horas de trabajo manual.

A lo largo de este libro, encontrarás una amplia variedad de herramientas, estrategias y ejemplos prácticos que te invitan a sumergirte en este emocionante viaje hacia la integración de la inteligencia artificial en producción audiovisual. Aquí descubrirás no solo cómo hacer más eficiente tu trabajo, sino también cómo potenciar tu creatividad al máximo. Este libro es tu guía, y cada capítulo está diseñado para brindarte el conocimiento y las herramientas que te permitirán llevar tu arte al siguiente nivel.

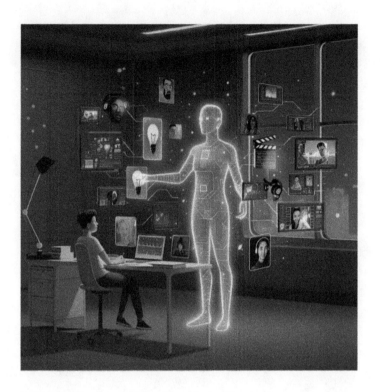

Prompt: En una oficina futurista, diseñada en un estilo de animación 3D ilustrada, una persona está de pie en el centro de la sala interactuando con una interfaz holográfica. El holograma muestra múltiples pantallas, cada una representando un aspecto diferente de la IA en la producción cinematográfica, desde la edición y los efectos visuales hasta el diseño de sonido. La oficina combina tecnología moderna con elementos vintage, ofreciendo una sensación atemporal pero a la vez innovadora. Las pantallas muestran diversas escenas del proceso de creación cinematográfica, con colores vibrantes y movimientos dinámicos, simbolizando cómo la IA orquesta múltiples aspectos de la producción fílmica de manera fluida.

Escena 1: Pero, ¿Qué es Inteligencia Artificial?

En la era digital que vivimos, la Inteligencia Artificial (IA) ha dejado de ser un concepto de ciencia ficción para convertirse en una herramienta fundamental en diversos campos, especialmente en el sector audiovisual. Pero, ¿qué es exactamente la IA y cómo puede potenciar tu trabajo creativo? Vamos a desentrañar este fascinante mundo para que puedas aprovechar al máximo su potencial, ya seas un director de cine veterano o un emergente creador de contenido en redes sociales.

La esencia

La Inteligencia Artificial se refiere a la capacidad de las máquinas para realizar tareas que normalmente requieren inteligencia humana, como el aprendizaje, la resolución de problemas, la percepción y el procesamiento del lenguaje. Sin embargo, la IA no es un sistema único y monolítico; es un término paraguas que abarca diversas técnicas y enfoques. Para entender cómo la IA puede ser tu aliada creativa, es fundamental conocer sus principios básicos de funcionamiento:

1. Datos: La IA se alimenta de datos. Cuantos más datos de calidad tenga un sistema, mejor será su rendimiento. En el contexto audiovisual, estos datos pueden incluir horas de metraje, guiones, efectos de sonido y tendencias de audiencia.

2. Algoritmos: Son las "recetas" que la IA sigue para procesar datos y tomar decisiones. Diferentes tipos de algoritmos son adecuados para diferentes tareas.

3. Entrenamiento: Los sistemas de IA "aprenden" al analizar grandes cantidades de datos y ajustar sus algoritmos para mejorar su rendimiento en tareas específicas.

4. Inferencia: Una vez entrenada, la IA puede hacer predicciones o tomar decisiones basadas en nuevos datos que no ha visto antes.

¿Cómo funciona la IA?

Para aprovechar plenamente el potencial de la Inteligencia Artificial en el mundo audiovisual, es crucial entender cómo funcionan estos sistemas "por dentro". Aunque la IA puede parecer mágica, en realidad se basa en principios matemáticos y computacionales bien definidos. En el corazón de muchos sistemas de IA, especialmente en tareas de visión por computadora y procesamiento de lenguaje natural, encontramos redes neuronales artificiales. Estas son estructuras inspiradas en el cerebro humano, compuestas por "neuronas" artificiales organizadas en capas. Cada "neurona" recibe información, la procesa aplicando una "función de activación" y pasa el resultado a la siguiente capa. Los "pesos" entre las neuronas determinan la importancia de cada conexión, similar a cómo un editor decide qué aspectos de una toma son más relevantes para la narrativa.

Enfoques de entrenamiento:

- Aprendizaje Supervisado: Es como enseñar a un asistente de edición mostrándole muchos ejemplos de ediciones "correctas". La IA aprende a asociar entradas específicas con salidas deseadas, siendo útil para tareas como la clasificación de escenas o la detección de objetos en un video.

- Aprendizaje No Supervisado: Aquí, la IA busca patrones por sí misma, sin etiquetas predefinidas. Es como pedirle a un editor que organice una gran cantidad de clips en categorías basadas en similitudes que él mismo identifique. Esto puede ser útil para descubrir tendencias en el comportamiento de la audiencia o para agrupar estilos visuales similares.

- Aprendizaje por Refuerzo: La IA aprende a través de la interacción con un entorno, recibiendo recompensas o penalizaciones. Imagina un sistema que optimiza la iluminación en un set virtual, ajustando parámetros y recibiendo feedback sobre la calidad de la imagen resultante.

Visión por computadora y su impacto

La visión por computadora permite a las máquinas interpretar y entender el mundo visual. Algunas tecnologías clave incluyen:

- Detección y Segmentación de Objetos: Identifica y delimita objetos específicos en una imagen o video, esencial para el seguimiento de objetos en postproducción o para la composición automática de tomas.

- Transferencia de Estilo: Permite aplicar el estilo visual de una imagen a otra. Imagina dar a tu metraje el look de un director específico con solo unos clics.

- Generación de Imágenes: Modelos como DALL-E o Stable Diffusion pueden crear imágenes a partir de descripciones textuales, revolucionando el concepto de "concept art" y el diseño de producción.

Comprender estos principios te permitirá utilizar las herramientas de IA de manera más efectiva y creativa en tu trabajo audiovisual. Recuerda, la IA no es una caja negra mágica, sino un conjunto de tecnologías poderosas basadas en principios comprensibles. Cuanto más entiendas cómo funcionan estas herramientas, mejor podrás aprovechar su potencial para elevar tu arte y narrativa.

La próxima vez que utilices una herramienta de IA en tu flujo de trabajo, ya sea para edición, efectos visuales o generación de contenido, tómate un momento para reflexionar sobre los procesos subyacentes. ¿Cómo está "viendo" la IA tu contenido? ¿Qué patrones está identificando? ¿Cómo podrías ajustar tu enfoque para obtener mejores resultados?

La IA es una frontera emocionante en el mundo audiovisual, y entender su funcionamiento te coloca en una posición privilegiada para innovar y crear contenido verdaderamente revolucionario.

1.1. Clasificación de la IA y su poder creativo

En la actualidad, la inteligencia artificial se presenta en diversas formas, cada una con capacidades únicas que pueden influir profundamente en el proceso creativo del audiovisual. Comprender estas diferencias es crucial para maximizar lo que la IA tiene para ofrecer en términos de creatividad y eficiencia en la producción. A medida que la IA avanza, su capacidad para colaborar con los seres humanos se vuelve más evidente, brindándonos herramientas que parecen cada vez más tener un toque humano en su funcionamiento.

Inteligencia artificial generativa

Uno de los tipos más destacados es la Inteligencia Artificial Generativa, que se especializa en la creación de contenido original a partir de datos existentes. En la producción audiovisual, estas IA pueden generar guiones, imágenes, animaciones, música y efectos visuales basados en descripciones proporcionadas por los creativos. Aunque puede parecer un proceso puramente técnico, el poder creativo que estas herramientas liberan es impresionante. Por ejemplo, un diseñador de producción que busca desarrollar una paleta de colores o un editor de video en busca de alternativas visuales puede utilizar IA generativa para explorar opciones que no habría considerado. De este modo, la IA actúa como un colaborador incansable, que no solo sigue instrucciones, sino que también propone nuevas perspectivas que enriquecen el trabajo.

Inteligencia artificial predictiva

Otro tipo clave es la Inteligencia Artificial Predictiva, que utiliza datos históricos para anticipar tendencias, comportamientos o resultados, lo que resulta particularmente útil en la planificación de proyectos audiovisuales. Un productor podría emplear IA predictiva para analizar qué tipo de contenido ha tenido éxito en el pasado y, a partir de ello, ajustar su estrategia de producción. Esto no significa que la IA dicte decisiones creativas, sino que proporciona información valiosa para que los creativos tomen decisiones más informadas. En este sentido, la IA potencia el instinto humano, afinando la intuición con datos concretos procesados a gran velocidad.

Inteligencia artificial cognitiva

También está la Inteligencia Artificial Cognitiva, que imita el proceso de pensamiento humano. Estas IA pueden "aprender" de experiencias pasadas, adaptarse y mejorar en función de los resultados obtenidos. En el ámbito audiovisual, la IA cognitiva es especialmente útil en la postproducción y la edición, donde puede reconocer patrones en las tomas y sugerir mejoras automáticas. Por ejemplo, en la corrección de color o la mezcla de sonido, la IA puede proponer ajustes basados en material previamente editado por el mismo equipo, ayudando a mantener coherencia y calidad. Este tipo de IA no es solo una herramienta técnica; tiene el potencial de comprender y ajustarse al estilo propio de un creador, lo que la convierte en un aliado invaluable.

Interacción personalizada

La interacción entre estos tipos de IA y los profesionales del audiovisual se vuelve aún más fascinante cuando se observa cómo las IAs comienzan a "aprender" de sus usuarios. Un editor de video que utiliza una herramienta de IA a lo largo del tiempo verá cómo la IA se adapta a su estilo personal. Al reconocer patrones en las decisiones de edición, la IA no solo ahorra tiempo, sino que también anticipa lo que el editor podría querer hacer a continuación. En este punto, la IA se transforma de ser un simple conjunto de algoritmos a convertirse en un colaborador que, con el tiempo, entiende las preferencias del usuario y trabaja de manera más eficiente, alineándose con su visión creativa.

Integración en el proceso creativo

Entonces, ¿cómo podemos integrar estos diferentes tipos de IA en el proceso creativo sin perder el toque personal que distingue cada proyecto audiovisual? La respuesta radica en encontrar un equilibrio. La IA no debería verse como una sustituta, sino como una extensión de nuestras capacidades. Tomemos, por ejemplo, el caso de un director de fotografía que utiliza IA para previsualizar tomas en diferentes condiciones de iluminación. La IA puede sugerir varias configuraciones posibles, pero es el ojo del director el que finalmente decide cuál es la más adecuada para el tono emocional de la escena. En este sentido, la IA actúa como una asistente que ofrece posibilidades, dejando la decisión final en manos del creador.

El poder creativo de la IA

El poder creativo de la IA en la producción audiovisual es, sin duda, enorme, pero su verdadera magia radica en cómo se integra con la visión humana. Lejos de ser una amenaza para la creatividad, la IA se convierte en un catalizador que permite a los creadores centrarse más en los aspectos artísticos, mientras delegan tareas técnicas o repetitivas a la máquina. Esto abre un abanico de posibilidades infinitas, en las que el talento humano, potenciado por la inteligencia artificial, alcanza nuevas cotas de creatividad y originalidad. En este contexto, la IA no solo es una herramienta tecnológica avanzada, sino un socio que, cada vez más, se siente "humano" en su capacidad para colaborar en el proceso creativo.

Un equipo ampliado

La producción audiovisual es, por naturaleza, un trabajo de equipo. Ahora, ese equipo se expande para incluir a la IA, que, lejos de reemplazarnos, se une a nosotros para hacer lo que mejor sabemos hacer: contar historias visuales que conecten, inspiren y emocionen.

1.2. Cómo funciona una IA generativa?

En el emocionante mundo de la inteligencia artificial, las IA generativas han emergido como herramientas revolucionarias para los creadores audiovisuales. Estas máquinas, capaces de producir contenido original que abarca desde imágenes y videos hasta música y guiones, están redefiniendo los límites de la creatividad. Pero, ¿cómo funcionan realmente estas maravillas tecnológicas? Vamos a adentrarnos en el corazón de una IA generativa para comprender su magia interna.

En esencia, una IA generativa es un sistema diseñado para crear contenido nuevo basándose en patrones aprendidos de grandes cantidades de datos. Imagina un director de cine virtual que ha visto miles de películas y puede crear nuevas escenas basándose en todo lo que ha "aprendido". Así funciona una IA generativa, pero en lugar de ojos y un cerebro humano, utiliza algoritmos sofisticados y redes neuronales artificiales.

Arquitectura básica: redes neuronales generativas

El corazón de muchas IA generativas son las redes neuronales artificiales, específicamente diseñadas para la generación de contenido. Estas redes están compuestas por capas de "neuronas" interconectadas que procesan y transforman la información de manera similar a cómo lo hace el cerebro humano.

La capa de entrada recibe los datos iniciales o "semilla". En el contexto audiovisual, esto podría ser una descripción textual de una escena, un boceto inicial o incluso ruido aleatorio. Las capas ocultas son donde ocurre la magia. Estas capas transforman la entrada inicial, aplicando lo que han aprendido durante su entrenamiento para generar nuevas características y patrones. La capa de salida produce el contenido final, ya sea una imagen, un clip de video o una secuencia de audio.

Entrenamiento: el proceso de aprendizaje

Antes de que una IA generativa pueda crear contenido, debe "aprender" de una gran cantidad de datos. Este proceso se llama entrenamiento. La IA es expuesta a un vasto conjunto de datos relevantes. Para una IA que genera imágenes de películas, esto podría incluir millones de fotogramas de diferentes films. La red neuronal analiza estos datos, identificando patrones y características comunes. Aprende sobre composición, color, iluminación y cómo estos elementos se combinan para crear diferentes estilos y atmósferas. A medida que la red procesa más datos, ajusta sus parámetros internos (los "pesos" de las conexiones entre neuronas) para mejorar su capacidad de reproducir los patrones observados.

El proceso de generación

Cuando le pides a una IA generativa que cree contenido, ocurre lo siguiente: la IA procesa tu solicitud, ya sea un prompt textual o una imagen inicial. Comienza con una "semilla" aleatoria y utiliza sus conocimientos aprendidos para transformarla gradualmente. En múltiples pasos, la IA ajusta y refina el contenido, añadiendo detalles y corrigiendo inconsistencias. Finalmente, presenta el contenido generado, que puede ser una imagen, un clip de video, una secuencia de audio o texto.

1.3. La magia del prompt

En el corazón de las inteligencias artificiales generativas, una pieza clave que puede marcar la diferencia entre obtener resultados impresionantes o mediocres es el prompt, esa frase o conjunto de instrucciones que le damos a la IA para que "entienda" qué debe hacer. Sin embargo, la creación de prompts no es simplemente una cuestión de palabras al azar, sino una habilidad en sí misma que requiere claridad, precisión y creatividad. Entender cómo estructurar y crear prompts eficaces es crucial para explotar todo el potencial de las IA generativas en la producción audiovisual.

Para comenzar, es importante comprender que un prompt actúa como una especie de diálogo entre el ser humano y la máquina. Cuando utilizamos una IA generativa para crear imágenes, guiones, música o cualquier otro elemento audiovisual, le estamos pidiendo que traduzca nuestras instrucciones en contenido creativo. Cuanto más preciso sea el prompt, más relevante será la respuesta que obtendremos. Un buen prompt debe ser claro, específico y contener suficiente información para que la IA entienda exactamente lo que queremos que haga.

Un punto esencial es que el prompt debe tener un objetivo bien definido. Si estás creando un diseño gráfico para una escena en una película, deberías preguntarte primero: ¿qué quiero lograr con esta imagen? ¿Qué atmósfera quiero transmitir? ¿Qué elementos deben ser visibles? Cuando se trata de IA, la especificidad es fundamental. No es lo mismo pedirle a una IA que genere "un paisaje futurista" que solicitar "un paisaje urbano futurista al atardecer, con edificios de acero y vidrio, y vehículos voladores en el cielo". Cuantos más detalles proporciones, más alineado estará el resultado con lo que realmente necesitas.

Estructurar un prompt eficaz implica encontrar el balance entre dar demasiada información y dar muy poca. Si el prompt es excesivamente detallado, corres el riesgo de limitar la creatividad de la IA y obtener un resultado que, aunque técnicamente correcto, sea monótono o predecible. Por otro lado, si el prompt es demasiado vago, la IA podría generar un resultado completamente fuera de lo que imaginabas. La clave está en dirigir sin sofocar la IA: guiarla en la dirección correcta, pero dejándole espacio para interpretar y sugerir algo que tal vez no habías considerado.

En la producción audiovisual, los prompts pueden adaptarse a diferentes etapas y necesidades. Por ejemplo, en la creación de un guion, el prompt podría incluir detalles sobre el tono emocional, los personajes y la trama. Un buen prompt para un guion sería: **"Escribe una escena de diálogo dramático entre dos amigos que se reencuentran después de muchos años. La conversación debe ser tensa al principio, pero terminar con una reconciliación emocional"**. Aquí se le da a la IA suficiente información para que entienda el contexto, pero también se le deja libertad para crear los detalles específicos del diálogo.

En cambio, si estás trabajando en la creación de efectos visuales, podrías necesitar prompts más técnicos. Un ejemplo podría ser: **"Genera una animación de 5 segundos de una nave espacial despegando desde una ciudad futurista, con luces parpadeantes y humo realista"**. Al dar un rango de tiempo (5 segundos) y detallar los elementos importantes (nave espacial, luces, humo), le proporcionas a la IA las coordenadas necesarias para generar una secuencia visual coherente.

Un aspecto que muchas veces se pasa por alto es que los prompts también pueden ser iterativos. Es decir, no siempre obtendrás el resultado perfecto en el primer intento. La creación de prompts efectivos es, en parte, un proceso de prueba y error. A veces, el primer resultado que la IA genere no será exactamente lo que estabas buscando, pero esa respuesta te dará pistas sobre cómo afinar el próximo prompt. Tal vez necesites ser más específico en ciertos detalles o reducir la cantidad de instrucciones para permitir mayor libertad creativa.

Es importante señalar que el tono del prompt también influye en el tipo de contenido que la IA generará. Si el prompt se expresa de manera neutral, la IA tenderá a crear algo estándar o general. Sin embargo, si le das a la IA indicaciones sobre el tono emocional o estético que quieres alcanzar, podrás obtener resultados mucho más personalizados. Por ejemplo, **"Crea una imagen de un paisaje otoñal melancólico, con árboles cuyas hojas están cayendo suavemente al suelo, bajo un cielo gris y nublado"** es un prompt que evoca claramente una atmósfera emocional, y la IA será capaz de generar algo que transmita esa sensación.

Cuando hablamos de inteligencia artificial aplicada a la creación audiovisual, no debemos olvidar que estas herramientas son muy poderosas, pero aún necesitan de la dirección humana. La magia de un prompt eficaz no está solo en las palabras que usamos, sino en nuestra capacidad de pensar de manera estratégica y creativa. En otras palabras, somos los directores de la IA, y el prompt es nuestro guion. Si sabemos cómo escribirlo y dirigirlo, obtendremos resultados sorprendentes que complementarán nuestras ideas.

Por todo esto, es crucial experimentar con diferentes tipos de prompts y explorar las capacidades de cada IA. Algunas IAs son más receptivas a descripciones visuales detalladas, mientras que otras funcionan mejor con indicaciones emocionales o abstractas. Permítete investigar con diferentes enfoques y ver cómo responde la IA. De esta manera, no solo dominarás la estructura de los prompts, sino que también descubrirás nuevas formas de potenciar tu creatividad y enriquecer el proceso de producción audiovisual.

La creación de prompts efectivos es una habilidad que, como cualquier otra, mejora con la práctica. A medida que te familiarices con el funcionamiento de las IA generativas, desarrollarás una intuición más fina sobre cómo estructurar y ajustar tus prompts para obtener resultados espectaculares. Y lo más importante, descubrirás cómo estas herramientas, cuando se utilizan de manera estratégica, pueden liberar tiempo y recursos para que tú, como creador, te enfoques en lo que realmente importa: la esencia creativa de cada proyecto.

A lo largo de este libro encontrarás múltiples ejemplos de prompts que te ayudarán a experimentar por ti mismo el poder de la IA aplicada al audiovisual. Mi intención es que no solo leas sobre estas herramientas, sino que también te animes a utilizarlas en tus propios proyectos. La verdadera magia de la IA ocurre cuando interactúas con ella, moldeando sus respuestas según tus necesidades. **A continuación, quiero mostrarte un ejemplo de prompt muy natural para que lo pruebes.**

> **Prompt:**
> Estoy pensando en crear un canal de YouTube pero la verdad es que no tengo ni idea de por dónde empezar. Me gustaría que me ayudaras a dar los primeros pasos. ¿Podrías hacerme un montón de preguntas para que puedas entender mejor qué es lo que necesito y cómo puedo hacerlo realidad?

1.4. Automatizando para volar

Automatizar procesos en la producción audiovisual no solo incrementa la eficiencia, sino que también libera tiempo y energía para que tu creatividad pueda volar. Al delegar tareas repetitivas a sistemas automatizados, puedes concentrarte en lo que realmente importa: innovar y contar historias de manera impactante. Hoy en día, existen herramientas que permiten automatizar desde la organización de archivos hasta la edición y corrección de color, garantizando que el proceso fluya sin interrupciones y que cada detalle técnico se maneje sin la necesidad de intervención manual constante.

Las automatizaciones pueden transformar el flujo de trabajo en áreas como la edición, la postproducción y la gestión de archivos y proyectos. Esto facilita la colaboración y la eficiencia, ya que tareas como la organización de clips, la sincronización de audio y video, o la creación de efectos pueden realizarse de forma automática.

Para implementar estas automatizaciones, hay herramientas como IFTTT (If This Then That), Zapier y Make, que permiten conectar distintas aplicaciones y procesos sin requerir conocimientos avanzados de programación. Estas plataformas integran software de edición, sistemas de almacenamiento en la nube y otros recursos utilizados en la producción audiovisual, además de permitir crear automatizaciones mediante flujos visuales.

Al integrarse con ChatGPT, puedes construir procesos que, por ejemplo, envíen datos desde aplicaciones como Google Drive o redes sociales a ChatGPT para generar resúmenes, realizar análisis o automatizar tareas de escritura, optimizando considerablemente la gestión de proyectos audiovisuales, periodísticos o de creación de contenido. Aquí tienes algunos ejemplos de cómo alguien que trabaja en producción audiovisual podría usar Make.com para automatizar procesos:

- Automatización de preproducción: Cuando se completa el guion o el storyboard de un proyecto, Make.com puede automatizar el envío de notificaciones a todos los miembros del equipo, junto con un resumen generado por ChatGPT que destaque las tareas críticas, los plazos de entrega y los próximos pasos.

- Sincronización automática de materiales de rodaje: Si grabas con varias cámaras, podrías automatizar la sincronización de los archivos de video y audio mediante la integración con plataformas de edición, asegurando que las pistas se alineen correctamente para una edición más rápida.

- Edición de guion basada en IA: Al subir un guion a la nube, la plataforma puede automatizar las sugerencias de correcciones o adaptaciones de estilo generadas por ChatGPT para ajustarlo a diferentes públicos, tonos o plataformas.

- Automatización de seguimiento de metadatos: Cuando se sube un archivo de video, Make.com puede extraer automáticamente metadatos como resolución, duración y formato, generando un reporte organizado para su posterior revisión o entrega a los distribuidores.

- Optimización de la paleta de colores: Tras subir un archivo de video o una imagen fija, Make.com puede integrar análisis de colores, generar sugerencias de corrección basadas en las preferencias estéticas del director y aplicar estas recomendaciones directamente en un software de edición.

Otra herramienta poderosa para automatizar procesos en el sector audiovisual son los GPTs personalizados (Generative Pre-trained Transformers). Estos modelos de lenguaje son entrenados para realizar tareas específicas basadas en grandes volúmenes de datos. Aunque son más conocidos por su capacidad para generar texto, estos modelos pueden ser ajustados para cumplir funciones especializadas en diversos campos, incluido el sector audiovisual.

Los GPTs personalizados son versiones adaptadas de modelos de lenguaje de inteligencia artificial, como el famoso GPT, entrenados en conjuntos de datos específicos para ajustarse a necesidades concretas. La personalización implica ajustar el comportamiento del modelo para que responda de manera precisa según las características del dominio en el que se aplique. A diferencia de los GPTs generales, los personalizados pueden integrarse en flujos de trabajo más específicos, ofreciendo soluciones diseñadas para una tarea o industria en particular, como el cine, la televisión o la creación de contenido digital.

Veamos algunos ejemplos de cómo podríamos usarlos:

- Asistentes de guionización y desarrollo de narrativas: Un GPT personalizado puede analizar las tendencias actuales del cine o la televisión y generar ideas de tramas, diálogos coherentes y personajes bien desarrollados, todo ajustado a las necesidades del proyecto. Además, puede ayudar a generar diferentes versiones de un guion para adaptarse a distintos públicos.

- Generación de diálogos naturales y realistas: Para proyectos que requieran múltiples versiones de diálogos o ajustes rápidos, un GPT personalizado puede generar conversaciones dinámicas y realistas entre personajes. Además, podría sugerir modificaciones según el tono o la emoción deseada, permitiendo iterar y experimentar con diferentes versiones de los diálogos sin perder tiempo.

- Asistente de investigación y organización de contenidos: Para documentalistas, un modelo puede procesar entrevistas, artículos académicos y notas de campo, resumiéndolos en puntos clave o sugiriendo temas relevantes. También podría identificar patrones en las historias y proponer maneras de estructurar el documental de forma coherente, mejorando la planificación y la narrativa.

- Asistente en la posproducción y edición: En esta etapa, un GPT personalizado puede facilitar la tarea de edición de video o audio.

Por ejemplo, podría analizar el flujo narrativo y hacer recomendaciones sobre cortes y transiciones basadas en el tono o ritmo del proyecto. También puede sugerir mejoras en aspectos técnicos, como la sincronización de audio y video, o recomendar efectos que potencien la narrativa visual.

- Optimización del contenido para redes sociales: Al crear contenido para plataformas como YouTube, Instagram o TikTok, los GPTs personalizados pueden analizar el estilo y formato que mejor funcionan en cada red social, sugiriendo ediciones, títulos y descripciones optimizados para maximizar la interacción con el público. Esto incluye adaptar contenido largo a versiones cortas y dinámicas sin perder la esencia de la pieza original.

- Generador de artículos y reportajes personalizados: Un GPT personalizado puede ser una herramienta poderosa para redactar artículos basados en datos en tiempo real. Al introducir información recopilada en el campo, el modelo puede generar reportajes completos o propuestas de titulares que resuman los hechos de manera concisa. También puede ayudar a redactar versiones optimizadas para diferentes plataformas, como noticias web, impresas o redes sociales.

- Análisis de audiencia y recomendaciones: Para productoras y creadores independientes que buscan maximizar el impacto de su contenido, un GPT personalizado puede analizar patrones de audiencia, revisar métricas de interacción y ofrecer sugerencias sobre cómo adaptar el contenido a las preferencias de diferentes demografías. Esto permite optimizar el material para atraer a un público más amplio o más específico según el proyecto.

- Asistencia en la investigación de tendencias: Los GPTs pueden ayudar a los creadores a mantenerse al día con las tendencias actuales en cine y televisión. Pueden analizar grandes volúmenes de datos sobre qué géneros, tramas o técnicas visuales están generando más impacto y popularidad en la audiencia, ayudando a los creadores a tomar decisiones estratégicas informadas sobre el contenido que desean producir.

A medida que las automatizaciones continúen evolucionando, su impacto en la industria audiovisual crecerá exponencialmente. No solo serán asistentes prácticos, sino que también se convertirán en colaboradores creativos, ayudando a cineastas y creadores a empujar los límites de la narración y la producción. En el futuro, es posible que veamos GPTs integrados en todas las fases de la creación audiovisual, desde la escritura inicial hasta la distribución final, optimizando y transformando el proceso de creación de contenido.

1.5. Y cómo usar un GPT personalizado?

Desarrollar un GPT personalizado puede ser una excelente manera de potenciar tu canal de YouTube, automatizando tareas sin sacrificar tu creatividad. A continuación, te muestro un proceso para crear y utilizar un GPT personalizado que te ayudará en diversas etapas de tu trabajo como productor audiovisual y para el caso YouTuber, manteniendo siempre tu esencia y originalidad.

1. Antes de empezar, es fundamental que identifiques claramente qué aspectos de tu proceso creativo deseas optimizar:

- Generación de ideas
- Estructuración de guiones
- Optimización de títulos y descripciones
- Sugerencias para miniaturas

2. Reúne y prepara tus datos: Para que el GPT refleje tu estilo, necesitas alimentarlo con contenido que te represente:

- Tus guiones y descripciones anteriores

- Comentarios y feedback de tu audiencia
- Referencias de estilo

3. Entrena tu GPT Personalizado: Utiliza plataformas que permitan el ajuste fino de modelos de lenguaje:

- OpenAI Fine-tuning: Puedes entrenar un modelo con tus datos.
- Hugging Face Transformers: Herramientas para personalización.
- Mantén el control creativo
- Define límites claros

4. Integra el GPT en tu proceso creativo: Ahora que tienes tu GPT personalizado, úsalo como una herramienta que potencia tu creatividad:

Ejemplos de uso:

Generación de ideas: El GPT te ofrecerá sugerencias que tú evaluarás según tu criterio.

"Necesito ideas frescas sobre tecnología ecológica para mi audiencia joven."

Estructuración de Guiones: Utiliza el esquema propuesto como base y enriquece cada sección con tu conocimiento y estilo.

"Ayúdame a esbozar un guion sobre consejos de fotografía móvil."

Optimización de Títulos y Descripciones: Evalúa las opciones y elige la que mejor refleje el contenido y atraiga a tu audiencia.

"Sugiere títulos atractivos para un video sobre viajes económicos."

Conceptos para Miniaturas: Toma las sugerencias y crea un diseño original que resuene con tu estilo visual.

"¿Qué elementos visuales podrían destacar en una miniatura sobre recetas veganas fáciles?"

5. Revisa y personaliza: Es vital que siempre revises y modifiques las propuestas del GPT:

- Añade tu voz única
- Verifica la información
- Innova si sientes que puedes mejorar la idea.

6. Aprende y ajusta continuamente: La creatividad es un proceso en constante evolución:

- Actualiza el GPT con nuevos datos
- Refina parámetros si las sugerencias no se alinean con tu visión.
- Combina herramientas como brainstorming o mapas mentales.

Consideraciones Importantes

- El GPT es una herramienta, no el artista
- Fomenta tu crecimiento creativo
- Tu audiencia te sigue por lo que aportas como individuo único.

Al crear y utilizar un GPT personalizado, estás incorporando una herramienta que puede enriquecer tu proceso creativo, permitiéndote enfocarte en lo que realmente te apasiona. Sin embargo, es esencial recordar que la verdadera magia proviene de ti. La inteligencia artificial puede ofrecerte apoyo e inspiración, pero es tu visión y creatividad las que harán que tu canal destaque y conecte con la audiencia.

Prompt: En el interior de un taller steampunk tenuemente iluminado, una persona está sentada frente a una máquina de escribir vintage, con las manos flotando sobre las teclas. La máquina está conectada a un conjunto de engranajes y maquinaria intrincada, de donde salen rayos de luz colorida. Estos rayos se disparan hacia arriba y se proyectan en una gran pantalla al fondo, mostrando una escena cinematográfica. El contraste entre el taller antiguo y la pantalla de alta tecnología representa la 'magia del prompt' en la producción audiovisual. La escena es una fusión de estética steampunk y tecnología moderna, con una iluminación cálida que resalta los tonos de cobre y bronce en la habitación.

Escena 2: Desatando la magia en la "pre"

2.1. Análisis de datos para inspirar

En un entorno donde la competencia y la demanda de contenido audiovisual de calidad son cada vez mayores, identificar patrones y tendencias en películas exitosas se ha convertido en una estrategia clave para inspirar ideas innovadoras. A través del análisis de datos masivos y el uso de herramientas de inteligencia artificial, los cineastas y creadores pueden descubrir qué elementos narrativos, visuales y emocionales resuenan más con las audiencias. La inteligencia artificial ofrece un enfoque analítico para desentrañar estos patrones y, al mismo tiempo, potencia la capacidad creativa de los profesionales, ayudándote a encontrar inspiración sin perder de vista lo más importante: la originalidad y la frescura de las ideas.

Hoy en día, los algoritmos de IA pueden rastrear tendencias en tiempo real y analizar grandes volúmenes de datos sobre el rendimiento de películas. Por ejemplo, pueden comparar géneros, estilos visuales, arcos narrativos y temas recurrentes para ofrecer un mapa claro de lo que atrae a las audiencias. Esta capacidad permite a los creadores detectar oportunidades que podrían no ser evidentes de manera intuitiva. Pero lejos de ser una amenaza para la creatividad, estos insights actúan como una base sobre la cual construir ideas innovadoras. A medida que la inteligencia artificial interpreta los datos, te ofrece una ventana para explorar las posibilidades sin limitar tu visión artística.

Te propongo un ejercicio sencillo, vamos a analizar un video de YouTube y detectar los mejores momentos, lo cual te servirá como inspiración para crear un contenido similar.

Paso 1: Selecciona un video

Elige un video de YouTube que haya tenido un buen rendimiento en términos de vistas, comentarios y "me gusta". Busca un contenido que esté relacionado con el tema que deseas explorar.

Paso 2: Utiliza una herramienta de IA para el análisis

Puedes usar herramientas de inteligencia artificial como ChatGPT o Claude.ai para analizar el contenido del video. A veces estas herramientas no analizan el video, puedes proporcionarles una transcripción o un resumen del contenido.

Paso 3: Analiza el contenido

Coloca el enlace: Copia y pega el enlace del video de YouTube en ChatGPT o Claude.ai.

Pregunta a la IA: Formula preguntas como:
¿Cuáles son los momentos más impactantes de este video?
¿Qué emociones o mensajes se destacan?
¿Qué elementos visuales o narrativos se utilizan eficazmente?

Paso 4: Analiza y toma totas

Después de recibir las respuestas, reflexiona sobre los hallazgos. Pregúntate:

- ¿Qué patrones se repiten en los momentos más exitosos?
- ¿Cómo se conectan estos momentos con las emociones de la audiencia?
- ¿Qué elementos visuales o narrativos podrías incorporar en tu propio contenido?

Toma notas de las ideas que surjan durante este proceso, y no olvides que el objetivo es inspirarte y no copiar directamente.

Paso 5: Crea tu contenido

Con la información recopilada, comienza a esbozar tu propio contenido. Utiliza los insights obtenidos para potenciar tu creatividad, asegurándote de mantener tu voz única y original. La inteligencia artificial te ha proporcionado un mapa, ahora tú eres el cartógrafo de tu propia historia.

En términos económicos y operativos, el uso de IA en el análisis de tendencias puede ahorrar tiempo y recursos. En lugar de depender únicamente de la intuición o las pruebas prolongadas de ensayo y error, puedes confiar en herramientas que predicen qué historias o enfoques tienen más posibilidades de conectar con la audiencia. Esto permite que los estudios y productores tomen decisiones más informadas y ajusten sus estrategias de desarrollo de proyectos. Si bien puede haber un temor inicial de que la IA conduzca a fórmulas rígidas y repetitivas, su verdadera ventaja radica en la flexibilidad que ofrece para identificar vacíos en el mercado y explorar nuevas combinaciones de elementos que antes podrían haber pasado desapercibidos.

Un ejemplo claro del uso de IA para inspirar ideas lo vemos en plataformas como ScriptBook o Cinelytic, que utilizan algoritmos para analizar guiones y predecir su éxito en taquilla. Estas herramientas no dictan cómo debe escribirse un guion, sino que brindan retroalimentación sobre aspectos que podrían mejorarse. Además, algunas productoras de Hollywood ya han empleado IA para analizar el rendimiento de sus películas, identificando qué aspectos contribuyeron más al éxito, desde la construcción de personajes hasta la duración de las secuencias de acción. Sin embargo, siempre será la visión única del cineasta la que transforme esta información en algo que trascienda.

Imagina un escenario donde decides utilizar estas herramientas en tu próximo proyecto. Podrías empezar utilizando un software que te permita ingresar los guiones de películas exitosas en tu género y estudiar qué elementos tienen en común. A partir de ahí, la IA puede ayudarte a proponer nuevas ideas para desarrollar tramas frescas que, aunque alineadas con las tendencias, aporten algo novedoso. El prompt adecuado podría ser algo tan simple como: "Analiza películas de acción exitosas en los últimos 5 años y sugiere temas recurrentes en los arcos de los personajes principales". Con esto, obtendrás un análisis detallado de patrones emocionales y narrativos que, combinados con tu visión, te llevarán a una idea única y emocionante.

Para los documentales, el análisis de datos puede provenir de diversas fuentes como investigaciones académicas, estudios de caso, o incluso patrones históricos que aporten profundidad y veracidad a sus proyectos. La inteligencia artificial facilita la recopilación y organización de estos datos, permitiendo identificar tendencias que podrían no ser evidentes a simple vista. Además, la IA puede analizar el éxito de documentales anteriores en función de temáticas, géneros o incluso enfoques narrativos, sugiriendo nuevas formas de abordar una historia o temas emergentes que podrían captar el interés de la audiencia. Este análisis no solo permite a los documentalistas estar a la vanguardia de la creación de contenido relevante, sino también abordar sus proyectos con una estructura más sólida y fundamentada.

Para los periodistas, el análisis de datos es un aliado en la búsqueda de historias impactantes. La IA permite filtrar grandes volúmenes de información en tiempo real, ayudando a identificar temas que están generando mayor interés o controversia. Herramientas de IA pueden analizar redes sociales, bases de datos públicas o archivos de noticias, sugiriendo ángulos novedosos para reportajes o entrevistas. Además, al examinar cómo otros reportajes han captado la atención del público, la IA puede ayudar a los periodistas a estructurar sus piezas de manera que resalten los puntos clave y mantengan el interés del espectador o lector. En un campo donde la actualidad manda, este tipo de análisis permite que los periodistas tomen decisiones informadas sobre qué historias cubrir y cómo narrarlas para tener un mayor impacto.

Para los influencers, el análisis de datos se centra principalmente en la comprensión de su audiencia y en la identificación de tendencias que maximicen el engagement. La IA permite desglosar métricas como las interacciones en redes sociales, los comentarios, o las visualizaciones, para detectar patrones de comportamiento que indican qué tipo de contenido resuena más. Al identificar qué formatos, temas o enfoques generan mayor interés, los influencers pueden ajustar su estrategia para mejorar la relevancia de su contenido. Este análisis no solo se enfoca en lo que ha funcionado en el pasado, sino que también puede predecir tendencias futuras, permitiendo a los influencers mantenerse frescos y alineados con las expectativas cambiantes de su público. Veamos un caso:

> **Prompt:**
> Analiza mis últimos 10 posts de Instagram y sugiere 3 ingredientes que podrían ser utilizados para crear una receta nueva y única que se

adapte a mis tendencias de contenido y a las preferencias de mi audiencia.

Respuesta IA:

Análisis de contenido:
Tus últimos 10 posts de Instagram han tenido un enfoque en recetas de comida saludable y deliciosa, con un énfasis en platos de pasta y verduras. La mayoría de tus posts han incluido ingredientes como tomate, albahaca y queso parmesano. Tus seguidores han interactuado más con tus posts que incluyen recetas vegetarianas y veganas.

Sugerencias de ingredientes:
Ingredientes 1:Espinacas frescas. Las espinacas son un ingrediente popular en la cocina saludable y se adaptan bien a las recetas de pasta y verduras que has publicado anteriormente.
Ingredientes 2:Queso de cabra. El queso de cabra es un ingrediente versátil que se puede utilizar en una variedad de recetas, desde ensaladas hasta platos de pasta.
Ingredientes 3:Aceitunas Kalamata. Las aceitunas Kalamata son un ingrediente salado y sabroso que se pueden utilizar para agregar profundidad y complejidad a tus recetas.

Receta sugerida:
"Pasta de espinacas y queso de cabra con aceitunas Kalamata". Esta receta combina los ingredientes sugeridos con una base de pasta integral y un toque de aceite de oliva para crear un plato saludable y delicioso.

Título sugerido:
"Pasta de espinacas y queso de cabra: un plato saludable y delicioso para cualquier ocasión"

Hashtags sugeridos:
#pastasaludable #quesodecabra #espinacas #recetasvegetarianas #comidahealthylifestyle

De cara al futuro, el uso de IA para analizar tendencias y patrones seguirá evolucionando. A medida que las herramientas se vuelvan más precisas y accesibles, podrás integrarlas directamente en tu flujo de trabajo creativo. En lugar de depender de una sola fuente de inspiración, tendrás a tu disposición un abanico de posibilidades, donde la inteligencia artificial no solo te mostrará lo que ha funcionado en el pasado, sino que también te ayudará a predecir qué podría ser relevante en el futuro. Sin embargo, lo esencial siempre será mantener el control sobre el proceso creativo y recordar que la IA es solo una herramienta más para liberar tiempo y energía que puedes dedicar a lo que realmente importa: la creatividad. La clave está en saber cuándo y cómo aplicar estos recursos para que actúen como catalizadores de tu propia inspiración, en lugar de encasillarte en un enfoque predecible.

2.2. Sinopsis y argumento

La creación de una sinopsis y un argumento sólidos es fundamental en cualquier proyecto audiovisual. Este proceso no solo ayuda a organizar las ideas y darles estructura, sino que también permite comunicar de manera clara y convincente la esencia de la historia a quienes forman parte del equipo creativo, o incluso a posibles inversores. Con la llegada de la inteligencia artificial (IA) a la industria audiovisual, es posible que te preguntes: ¿cómo puede la IA ayudarnos a crear sinopsis y argumentos efectivos sin perder la chispa de la creatividad humana?

Antes de entrar en detalle, es importante recordar que la sinopsis es una versión condensada de la historia, una herramienta para captar el interés de los lectores o espectadores en pocas palabras, mientras que el argumento desarrolla con más detalle los puntos clave de la trama. La IA puede ser una aliada valiosa en ambas fases, ayudando a estructurar, refinar y expandir ideas, aunque siempre será tu capacidad creativa la que otorgue el verdadero impacto emocional y narrativo a cada proyecto.

El proceso de escribir una sinopsis puede parecer simple en teoría, pero en realidad requiere habilidad para sintetizar la trama de manera concisa, atractiva y sin revelar demasiado. Aquí es donde entra en juego la IA. Imagina que tienes en mente una historia sobre un héroe inesperado que debe salvar a su comunidad de una catástrofe. Con un prompt bien estructurado, podrías solicitar a la IA una sinopsis breve y efectiva: "Crea una sinopsis para una película de ciencia ficción sobre un joven mecánico que descubre un dispositivo alienígena que amenaza con destruir la Tierra, y su lucha por desactivar la amenaza con la ayuda de un misterioso aliado." A partir de esa simple instrucción, la IA generará una sinopsis preliminar que podrás modificar y perfeccionar, enfocándote en los elementos más cruciales de la historia.

Prompt:
Crea una sinopsis para una película de ciencia ficción sobre un joven mecánico que descubre un dispositivo alienígena que amenaza con destruir la Tierra, y su lucha por desactivar la amenaza con la ayuda de un misterioso aliado.

Respuesta IA:

Título: Amenaza desde las Estrellas

En un pequeño pueblo industrial, el joven mecánico Alex Taylor descubre un misterioso dispositivo alienígena después de un accidente aéreo. Pronto se da cuenta de que el dispositivo es un mecanismo de destrucción programado para aniquilar la Tierra en 72 horas.

Desesperado por detener la catástrofe, Alex se une a Maya, una enigmática científica con conocimientos sobre la tecnología de los extraterrestres. Juntos, enfrentan numerosos obstáculos, incluyendo agentes del gobierno y criaturas alienígenas, mientras trabajan contra el reloj para desactivar el dispositivo.

A medida que avanzan, descubren que el dispositivo es más que una arma; es una clave para entender una antigua civilización extraterrestre que ha estado observando a la humanidad. Con el tiempo agotándose, Alex y Maya deben confiar el uno en el otro y utilizar todas sus habilidades para salvar a la humanidad de la destrucción.

"Amenaza desde las Estrellas" es una emocionante aventura de ciencia ficción llena de acción, suspense y misterio, que explora los límites de la humanidad y la importancia de la cooperación en la cara de la adversidad.

Cuando trabajas con IA para la creación de una sinopsis, lo más relevante es la claridad de tus instrucciones. Un prompt eficaz te permitirá obtener una sinopsis que, si bien no estará lista para ser la versión final, te ahorrará tiempo y esfuerzo en las etapas iniciales del desarrollo. Además, las IAs más avanzadas pueden sugerir diferentes enfoques, estilos o incluso añadir giros narrativos que no habías considerado, lo que enriquece el proceso creativo.

El argumento, por su parte, es la columna vertebral de la narrativa y su desarrollo requiere una planificación más profunda. Aquí, la IA puede ser una herramienta valiosa para organizar ideas y generar tramas complejas. Por ejemplo, puedes darle a la IA una estructura de tres actos: "Desarrolla un argumento para una película dramática donde una mujer descubre que su pareja ha estado viviendo una doble vida, y debe enfrentarse a la verdad mientras reconstruye su identidad." A partir de este prompt, la IA puede crear los cimientos del argumento, presentando eventos clave, conflictos internos y externos, y resoluciones potenciales.

Es importante señalar que aunque la IA puede ayudarte a organizar ideas, sugerir conflictos o generar diálogos preliminares, la riqueza emocional y la autenticidad de la historia dependerán de tu capacidad para interpretar y ajustar esas sugerencias. La IA puede ofrecerte una estructura base, pero solo tú puedes otorgar a la historia los matices necesarios para que resuene con el público.

En este sentido, la IA no sustituye el proceso creativo, sino que lo complementa. Puede hacer que las ideas fluyan más rápido, que se estructuren con mayor facilidad, y que no te quedes atrapado en los detalles técnicos o en bloqueos creativos. Sin embargo, el poder de una sinopsis o un argumento no reside únicamente en la lógica de los eventos, sino en la emoción que transmita la historia y en la conexión que establezcas con los personajes. Esta es la parte en la que tu intuición, experiencia y sensibilidad narrativa juegan un papel crucial.

Además, en producciones audiovisuales colaborativas, la IA puede ser una herramienta que ayude a los diferentes departamentos a trabajar de manera más eficiente. Al tener una sinopsis clara desde el principio, tanto los guionistas como los diseñadores de producción, directores y actores, pueden alinearse rápidamente en torno a la visión del proyecto. Un argumento bien desarrollado permite que todos entiendan la evolución de la historia y los roles que desempeñan dentro de ella, reduciendo el margen de error y ahorrando tiempo en correcciones de último minuto.

La versatilidad de la IA también permite adaptar rápidamente sinopsis y argumentos según las necesidades del proyecto. Si estás trabajando en diferentes géneros, la IA puede ajustar su enfoque, ofreciendo sinopsis más ligeras y dinámicas para una comedia, o más tensas y emocionales para un thriller. Lo mismo ocurre con el desarrollo del argumento: la IA puede sugerir diferentes tipos de estructura narrativa, como la clásica de tres actos o modelos más complejos, como el círculo de Dan Harmon, que aporta una evolución circular a los personajes y conflictos.

No obstante, es fundamental recordar que, aunque la IA puede ser una herramienta increíblemente poderosa para crear sinopsis y argumentos, su uso ético es igualmente importante. La IA no reemplaza la voz humana ni las experiencias individuales que le dan autenticidad a una historia. Es importante que los creadores mantengan siempre el control sobre su narrativa y utilicen la IA como un apoyo, no como un sustituto.

La IA ha transformado muchas áreas de la producción audiovisual, y la creación de sinopsis y argumentos no es una excepción. Al aprovechar su capacidad para generar rápidamente ideas y organizar tramas, puedes acelerar el proceso creativo, aunque siempre serás tú quien defina el tono, el mensaje y el impacto emocional de la historia. Usa la IA para inspirarte, para estructurar tus ideas y para superar bloqueos creativos, pero recuerda que la verdadera magia de una buena historia reside en tu visión única y en la forma en que conectas con tu audiencia. Con la IA a tu lado, tu capacidad para contar historias se verá amplificada, pero siempre bajo tu control y dirección.

2.3. Creación de personajes

Uno de los pilares esenciales de cualquier producción audiovisual es la creación de personajes. Los personajes son el corazón emocional de la narrativa, quienes mueven la historia y establecen conexiones con la audiencia. Crear personajes no es solo definir su apariencia o sus roles dentro de una trama; es darles profundidad, personalidad y motivaciones claras que los hagan auténticos. En esta era de avances tecnológicos, la inteligencia artificial ha irrumpido como una aliada para potenciar ese proceso, facilitando la creación, desarrollo y análisis de personajes complejos, sin que pierdan la esencia humana que los hace únicos.

Tradicionalmente, la creación de un personaje comienza con una idea general: ¿quién es esta persona? ¿Qué la motiva? ¿Cuál es su papel en la historia? A partir de allí, se definen aspectos como su personalidad, su pasado y cómo esos elementos influencian su comportamiento y decisiones. Pero, ¿cómo puede la IA asistir en este proceso sin desvirtuar el alma del personaje? Es aquí donde el verdadero potencial de la IA se revela: como una herramienta capaz de ayudar a estructurar y explorar las historias de los personajes, sin quitarte el control creativo.

Uno de los aportes más significativos de la IA en la creación de personajes es su capacidad para generar biografías detalladas a partir de prompts específicos. Imagina que tienes una idea inicial para un personaje: un detective privado solitario, marcado por un trauma del pasado. Con una indicación bien estructurada, podrías solicitar a la IA una biografía preliminar: "Crea la historia de un detective privado de mediana edad, que vive en una ciudad pequeña y ha perdido a su familia en un trágico accidente, lo que lo ha llevado a aislarse emocionalmente." A partir de este simple prompt, la IA puede generar una descripción inicial de su pasado, rasgos de personalidad e incluso sugerir eventos que marcaron su vida. Esta primera propuesta, aunque no es definitiva, puede servir como punto de partida para perfeccionar y enriquecer la biografía del personaje.

A medida que profundizas en la creación de personajes, puedes usar la IA para explorar matices que quizás no habías considerado inicialmente. Por ejemplo, puede sugerir motivaciones adicionales, relaciones con otros personajes o incluso posibles conflictos internos que podrían dar lugar a un arco de desarrollo más interesante. La clave está en no utilizar las propuestas generadas por la IA como producto final, sino como una base que te permita ajustar, modificar y pulir el personaje hasta que refleje tu visión.

Una vez que has dado vida a tus personajes, es crucial entender cómo interactúan entre sí. Aquí es donde la compatibilidad de personajes entra en juego. La IA tiene la capacidad de analizar interacciones y prever cómo diferentes personalidades pueden chocar o complementarse dentro de una trama. Esta capacidad es especialmente útil en historias complejas con varios personajes que deben mantener dinámicas creíbles y coherentes a lo largo de la narrativa. Por ejemplo, si tienes a un personaje con una personalidad extrovertida, impulsiva y a otro más introspectivo y metódico, la IA puede sugerir posibles escenarios de conflicto o colaboración, basándose en las características previamente definidas.

Este análisis de compatibilidad puede ayudarte a anticipar problemas que podrían surgir más adelante en el desarrollo de la historia. Si notas que dos personajes no tienen una interacción natural o que sus motivaciones no se alinean de manera creíble, puedes ajustar sus historias o personalidades desde el inicio, ahorrando tiempo en revisiones y reescrituras posteriores. Además, la IA puede sugerir relaciones inesperadas entre personajes que inicialmente no parecían tener mucho en común, pero que, al ser exploradas, pueden añadir capas de complejidad a la trama.

Un aspecto interesante del uso de IA en la creación de personajes es su capacidad para trabajar con arquetipos. Los arquetipos son modelos de personajes que se repiten a lo largo de las historias, como el héroe, el mentor, el villano, entre otros. Sin embargo, no todos los héroes son iguales, ni todos los villanos responden a las mismas motivaciones. La IA puede ayudarte a explorar variaciones de estos arquetipos, generando personajes que se ajusten a la estructura clásica, pero con características novedosas que los distingan. Por ejemplo, podrías pedir a la IA que genere un héroe que no tenga el arquetipo clásico de valentía, sino uno que luche contra su propio miedo y duda a lo largo de la historia.

La creación de personajes también implica definir sus relaciones con el mundo que los rodea. ¿Cómo se relacionan con el contexto social y cultural en el que viven? ¿Qué papel juegan en su entorno y cómo eso moldea su historia? Aquí, la IA puede ayudarte a desarrollar escenarios detallados en los que los personajes se mueven, dándote ideas sobre cómo su entorno afecta su forma de ser. Por ejemplo, un personaje que vive en un mundo distópico donde la tecnología ha suplantado casi todas las interacciones humanas podría tener una personalidad más fría y distante, mientras que otro que crece en un entorno rural, más cercano a la naturaleza, podría ser más reflexivo y empático.

La IA también puede ser útil en la fase de pruebas de personajes. Antes de comprometerte completamente con una historia, puedes utilizar herramientas de IA para realizar simulaciones de personajes en diferentes situaciones, viendo cómo reaccionan ante ciertos eventos o conflictos. Esta práctica no solo te permite entender mejor a tus personajes, sino que también te ayuda a evitar inconsistencias en sus comportamientos más adelante.

Prompt:
Simula una escena en la que un personaje introvertido y tímido se enfrenta a una situación en la que debe defender sus creencias frente a un grupo de personas más extrovertidas y dominantes. ¿Cómo reaccionaría el personaje?

¿Qué palabras y acciones utilizaría para expresar sus pensamientos y sentimientos? ¿Cómo afectaría esta experiencia a su personalidad y comportamiento en el futuro?

Respuesta IA:

Alex, un personaje introvertido y tímido, se enfrenta a una situación en la que debe defender sus creencias frente a un grupo de personas más extrovertidas y dominantes en una reunión de trabajo. Michael, un hombre seguro de sí mismo, se burla de sus sugerencias y las descarta como "demasiado conservadoras". Alex se siente abrumado, pero después de un momento de reflexión, decide defender sus creencias. Comienza a hablar de manera clara y respetuosa, explicando por qué cree que su enfoque es el más adecuado.

"Entiendo que Michael tiene una visión diferente, pero he investigado y analizado los datos, y creo que mi propuesta es la que mejor se adapta a las necesidades del cliente".

A medida que la discusión avanza, Alex se siente más seguro de sí mismo. Comienza a expresar sus ideas de manera más clara y concisa, y a defender sus creencias con más confianza. Los demás miembros del equipo comienzan a respetar su opinión y a valorar su contribución. Después de la reunión, Alex se siente orgulloso de sí mismo por haber defendido sus creencias. Se da cuenta de que no tiene que ser el más extrovertido o dominante para ser escuchado y respetado. Esta experiencia lo lleva a ser más asertivo y confiado en el futuro, y a sentirse más integrado y valorado en su equipo.

En cuanto a las palabras y acciones que utiliza Alex para expresar sus pensamientos y sentimientos, se enfoca en explicar sus razones y en proporcionar evidencia para respaldar sus afirmaciones. Utiliza un tono respetuoso y claro, y se enfoca en defender sus creencias de manera constructiva. En cuanto a cómo afecta esta experiencia a su personalidad y comportamiento en el futuro, Alex se vuelve más asertivo y confiado. Se da cuenta de que puede expresar sus ideas y defender sus creencias sin tener que ser el centro de atención. Esto lo lleva a ser más integrado y valorado en su equipo, y a sentirse más seguro de sí mismo en situaciones similares en el futuro.

A medida que profundizas en la creación de personajes, sus historias y su compatibilidad, no debes perder de vista el componente humano. La tecnología puede ayudarte a dar estructura y a explorar posibilidades, pero la verdadera magia de los personajes proviene de su capacidad para reflejar emociones, experiencias y dilemas humanos. Los personajes más memorables son aquellos que, a pesar de ser parte de una ficción, resuenan con la audiencia por sus luchas, sus sueños y sus imperfecciones.

La creación de personajes en la era de la inteligencia artificial ofrece una mezcla poderosa entre estructura técnica y libertad creativa. La IA puede asistirte en cada fase, desde la creación inicial de una biografía hasta el análisis detallado de su compatibilidad dentro de una trama, brindándote herramientas que optimizan el proceso sin sacrificar la autenticidad y profundidad que caracteriza a los grandes personajes.

2.4. Escritura del guion

La columna vertebral de cualquier producción audiovisual es el guion. Este documento es el mapa que guía al equipo en la creación de la historia, detallando cada paso, diálogo y acción que se desarrollará en pantalla. Por lo tanto, escribir un guion requiere un equilibrio entre la estructura y la creatividad. Es aquí donde la inteligencia artificial (IA) puede desempeñar un papel valioso, no reemplazando la visión del guionista, sino potenciándola con sugerencias, alternativas y herramientas que optimizan el proceso creativo.

La IA puede ser una aliada en la creación de personajes complejos y profundos, con arcos narrativos que resuenan con la audiencia. Esto se aplica también a la escritura del guion, donde la IA puede ayudar a establecer diálogos coherentes que respeten la esencia de cada personaje. Por ejemplo, si la historia se centra en una conversación crucial entre dos personajes con personalidades opuestas, la IA puede sugerir diferentes versiones del diálogo, jugando con distintos tonos, ritmos y reacciones hasta encontrar la versión más convincente.

Además, la IA puede ser utilizada en la estructuración de la narrativa, identificando huecos en la trama o reorganizando las escenas para mejorar el flujo de la historia. Por ejemplo, si se han escrito varias secuencias, la IA puede analizar cómo están distribuidas las tensiones dramáticas y sugerir un reordenamiento que mantenga al espectador más involucrado en la narrativa. La IA también puede ofrecer sugerencias para enriquecer la ambientación y la atmósfera de la historia. Si en el guion se describe una escena de una ciudad futurista o una situación emocionalmente intensa, la IA puede proponer detalles adicionales que potencien la inmersión en ese mundo.

Una de las grandes ventajas de la IA en la escritura de guiones es su capacidad para realizar un análisis semántico profundo del texto. Esto significa que, a medida que se desarrolla el guion, la IA puede revisar la coherencia de los diálogos y la acción, garantizando que lo que sucede en pantalla tiene sentido dentro del contexto de la trama. Pero la creación de guiones no se reduce únicamente a diálogos y estructura. Los ritmos narrativos, las pausas dramáticas y la tensión emocional son elementos clave que deben ser manejados con precisión. En este sentido, la IA puede ofrecer simulaciones de cómo podrían sentirse ciertas secuencias en términos de ritmo, sugiriendo dónde podrían acelerar o ralentizar la narrativa para generar un mayor impacto emocional.

Es importante tener en cuenta que la escritura de guiones, aunque impulsada por la tecnología, sigue siendo un ejercicio profundamente humano. La IA puede asistir en múltiples niveles, pero no debe reemplazar la visión, el sentimiento y la voz que el guionista aporta a la historia. Al integrar la IA en el proceso de escritura, se puede ser más eficiente y organizado sin sacrificar la esencia creativa. Las tareas mecánicas, como estructurar actos o verificar la coherencia interna, pueden ser delegadas a la IA, permitiendo dedicar más tiempo y energía a lo que realmente mueve la aguja en el mundo del guion: el desarrollo de personajes auténticos, diálogos vibrantes y una trama que atrape a la audiencia.

La escritura de guiones para documentales sigue una lógica diferente a la ficción, ya que el objetivo principal es transmitir información precisa y auténtica, mientras se narra una historia que atrape al espectador. En este tipo de proyectos, la IA puede ser de gran utilidad para organizar la investigación previa, identificar patrones o tendencias en los datos y estructurar el guion de manera que fluya de forma coherente y atractiva. Al trabajar con grandes volúmenes de información, como entrevistas, archivos históricos o estadísticas, la IA puede ayudarte a analizar el material y sugerir cómo organizar la narrativa para mantener la atención del público sin perder rigor informativo. Aquí, la IA se convierte en un aliado no solo en la escritura, sino también en la curación de contenido, ayudándote a seleccionar los elementos clave del documental.

Para periodistas, el uso de la IA en la redacción de guiones tiene un enfoque distinto, dado que la rapidez y la precisión son factores fundamentales en la producción de noticias y reportajes. La IA puede ser utilizada para generar borradores iniciales de libretos basados en hechos o datos actualizados en tiempo real, optimizando la eficiencia y permitiendo que el periodista se enfoque en los aspectos narrativos y éticos de la historia. Además, las herramientas de IA pueden analizar el impacto de las palabras, sugiriendo alternativas que refuercen la claridad y el mensaje. En el contexto periodístico, donde cada palabra cuenta, la IA permite pulir y adaptar los guiones a distintos formatos (televisión, radio, podcast), manteniendo siempre la coherencia informativa y narrativa.

Por otro lado, la escritura para influencers requiere un enfoque más personal y directo, ya que la conexión emocional con la audiencia es vital. Aquí, la IA puede ayudar a estructurar guiones para vídeos o publicaciones, sugiriendo estrategias narrativas que maximicen el engagement. Desde prompts que te ayuden a iniciar el guion con una frase atractiva hasta análisis sobre qué temas generan mayor interacción, la IA puede ser una gran aliada. Además, con herramientas de análisis de tendencias, la IA permite a los influencers adaptar su contenido a lo que está en auge en ese momento, sin perder su autenticidad.

Finalmente, es importante recalcar que la IA no solo sirve en la fase inicial del guion, sino que puede acompañar a lo largo de todo el proceso, desde los primeros bocetos hasta las revisiones finales. La clave es no verlo como una herramienta invasiva, sino como un asistente colaborativo que está allí para sacar lo mejor del proceso creativo.

La escritura de guiones en la era de la inteligencia artificial combina lo mejor de dos mundos: la estructura y precisión que aporta la tecnología con la chispa creativa que solo los guionistas pueden ofrecer. Aprovechar el poder de la IA para optimizar el flujo de trabajo, enriquecer la narrativa y garantizar que cada línea y cada escena refleje la visión auténtica que se tiene para la historia.

2.5. Creación de storyboards

Los storyboards te permiten visualizar el flujo de escenas y anticipar la dinámica de cada secuencia antes de grabar y con el avance de la inteligencia artificial, tienes la opción de generar storyboards automáticos, que son rápidos y eficientes, o bien crearlos paso a paso utilizando IAs generadoras de imágenes, donde puedes tener un mayor control y creatividad sobre el resultado final.

La inteligencia artificial ofrece herramientas innovadoras que pueden analizar un guion y transformarlo automáticamente en una serie de imágenes o bocetos que representan cada escena. Este proceso puede ser de gran ayuda para producciones pequeñas o en etapas de previsualización rápida, donde la velocidad es esencial. Herramientas como Storyboard Pro y Script-to-Storyboard AI permiten cargar una descripción del guion, y a partir de ahí, generar una representación gráfica de las acciones y planos descritos. Estas herramientas analizan el texto para identificar qué personajes participan en cada escena, los elementos clave del entorno y la acción principal, generando imágenes secuenciales que capturan la esencia de la narrativa.

Tomemos como ejemplo un guion que describe una escena en la que un personaje principal camina por una calle lluviosa en Nueva York, bajo la luz parpadeante de una farola, mientras se acerca lentamente a la puerta de un edificio en la distancia. Una IA como Storyboard Pro AI podría interpretar este fragmento y generar bocetos aproximados que visualizan al personaje, la calle mojada y los detalles de la luz y la atmósfera. El resultado será un storyboard funcional, donde cada viñeta refleja un plano del personaje caminando, el entorno de la ciudad y el edificio al que se dirige.

Este tipo de automatización es ideal cuando se necesita una representación gráfica rápida y clara para presentar al equipo de producción o para una sesión de pitching con clientes o inversores. Sin embargo, estos storyboards automáticos a menudo carecen del detalle o el matiz que un director o un equipo creativo podría desear, ya que son generados con base en patrones predeterminados.

Para los creativos que buscan un enfoque más detallado y personalizado, las IAs generadoras de imágenes, como Stable Diffusion o Leonardo AI permiten crear storyboards paso a paso con un mayor nivel de control sobre el estilo visual, los ángulos de cámara, la atmósfera y la estética general. En este proceso, el creador introduce una descripción más precisa o específica de cada escena o imagen, modificándotela los diferentes ajustes hasta obtener el resultado que mejor se ajuste a la visión del proyecto.

Supongamos que estás trabajando en una producción que requiere un estilo visual específico, por ejemplo, un thriller oscuro con un ambiente de tensión constante. Con la asistencia de IA, puedes generar imágenes que capturen la atmósfera deseada, pidiendo a la IA que interprete una descripción como: "Un hombre de pie bajo la sombra de un edificio antiguo, iluminado solo por la luz de un cigarrillo que sostiene en la mano, con el viento levantando polvo a su alrededor". Esta imagen generada por la IA puede ser ajustada y modificada según tu criterio, permitiéndote afinar los detalles como el ángulo de la cámara, la intensidad de la luz o la composición visual.

Además, una ventaja clave de trabajar paso a paso con las IAs generadoras de imágenes es la posibilidad de iterar y experimentar con diferentes versiones de la misma escena, antes de decidir cuál será la definitiva. Puedes probar varios estilos de iluminación, colores o encuadres, y explorar diferentes interpretaciones visuales hasta encontrar la que mejor se alinee con tu visión creativa. Este proceso otorga una mayor libertad artística, permitiéndote explorar visualmente el guion sin los límites impuestos por las herramientas automáticas tradicionales.

Por otro lado, la creación asistida por IA también te permite delegar parte del trabajo técnico mientras te enfocas en las decisiones creativas clave. Las IAs pueden generar imágenes preliminares que luego pueden ser retocadas por un ilustrador o artista, combinando la eficiencia de la automatización con la sensibilidad estética del toque humano. Este enfoque mixto es ideal para producciones de mayor envergadura, donde cada detalle del storyboard debe ser meticulosamente planificado. Recuerda que entre más detallado sea tu prompt, mejores resultados obtendrás. Prueba los resultados del siguiente prompt:

"Genera una imagen para un Storyboard que represente la escena de una película de ciencia ficción en la que un astronauta llamado Jack se encuentra en una nave espacial que está a punto de estrellarse en un planeta desconocido. La escena debe mostrar a Jack en la cabina de la nave, con una expresión de pánico en su rostro, mientras que la nave se estrella en el planeta detrás de él. La imagen debe incluir los siguientes detalles:

La cabina de la nave debe ser oscura y llena de humo, con luces de alerta parpadeando en la consola de control.
Jack debe estar sentado en el asiento del piloto, con su traje espacial completo y su casco puesto.

La expresión de Jack debe ser de pánico y desesperación, con sus ojos abiertos de par en par y su boca abierta en un grito silencioso.

La nave debe estar estrellándose en el planeta detrás de Jack, con una gran explosión de fuego y humo que llena la pantalla.

El planeta debe ser un mundo rocoso y árido, con montañas y valles que se extienden hasta el horizonte.

La imagen debe tener un tono oscuro y dramático, con un enfoque en la tensión y el peligro de la situación.

La imagen debe ser una representación clara y detallada de la escena, con un estilo de arte que sea similar al de una película de ciencia ficción de acción. La resolución de la imagen debe ser alta, con un tamaño de al menos 1080p. La imagen debe ser generada en un formato de archivo que sea compatible con la mayoría de los programas de edición de video y gráficos."

El uso de la IA para generar storyboards también facilita la colaboración remota. Equipos creativos en diferentes partes del mundo pueden acceder a las mismas plataformas de IA y trabajar juntos en tiempo real, ajustando los detalles visuales de las escenas sobre la marcha. Herramientas colaborativas como FrameForge permiten que directores, diseñadores de producción y artistas gráficos compartan storyboards generados por IA, hagan ajustes y vean los cambios en tiempo real, optimizando el flujo de trabajo en entornos de producción internacional.

A nivel técnico, las herramientas de IA también permiten planificar con precisión los ángulos de cámara y los movimientos de cámara más complejos. Por ejemplo, si en tu guion tienes una escena de acción con un seguimiento de cámara en un espacio estrecho, la IA puede ayudarte a visualizar cómo funcionarán los movimientos de cámara y qué equipo técnico será necesario para llevar a cabo la toma. Esto te da una ventaja significativa a la hora de planificar el rodaje, ya que puedes anticipar posibles dificultades y hacer los ajustes necesarios antes de llegar al set.

Podemos pensar que la creación de storyboards a partir de la descripción del guion ha sido transformada por la inteligencia artificial. Puedes optar por storyboards automáticos para previsualizaciones rápidas y eficientes o por un proceso asistido por IAs generadoras de imágenes, donde tienes más control y creatividad sobre cada aspecto visual. Ambos enfoques, apoyados por la tecnología, te permiten optimizar el flujo de trabajo, reducir tiempos de preproducción y, sobre todo, liberar más espacio para enfocarte en lo que realmente importa: dar vida a tu historia de la forma más visual y poderosa posible.

2.6. Casting y selección de actores

El casting y la selección de actores siempre han sido procesos fundamentales en cualquier producción audiovisual. Elegir a los actores correctos puede definir el éxito de una película, serie o anuncio, ya que son quienes dan vida a las ideas del guion y conectan con el público. Con la integración de la inteligencia artificial (IA), este proceso está viviendo una transformación que permite no solo agilizar los tiempos, sino también ampliar las posibilidades creativas. Al usar IA, tienes la oportunidad de explorar nuevas formas de encontrar al talento ideal y hacerlo de una manera más eficiente.

Hoy en día, la IA ha comenzado a impactar en esta fase del proceso de producción, ayudando a preseleccionar a los candidatos de acuerdo a ciertos parámetros que antes habrían requerido mucho tiempo y esfuerzo. Al automatizar algunas tareas como la organización de audiciones, el análisis de perfiles y la identificación de patrones en las actuaciones, es posible reducir el tiempo que se dedica a la revisión de los talentos. Sin embargo, este avance tecnológico no debe verse como una amenaza para la intuición o la experiencia de los directores de casting. Todo lo contrario, la IA puede ser una herramienta que te libere de las tareas más repetitivas, para que puedas concentrarte en los aspectos más sutiles y artísticos del proceso.

Imagina a futuro -próximo- poder introducir ciertos parámetros en un software de IA: el tipo de personaje que estás buscando, las características físicas que el guion requiere, y el rango emocional que el personaje debe tener. La IA puede analizar miles de grabaciones y perfiles en cuestión de minutos, proponiéndote una lista de candidatos que se alineen con lo que necesitas. Pero, más allá de eso, también puede detectar ciertos matices en las actuaciones que quizás pasarían desapercibidos en una revisión rápida hecha por humanos. De esta forma, la IA se convierte en una especie de asistente creativo que te ayuda a profundizar en aspectos que tal vez no habías considerado al principio.

Uno de los grandes retos en el casting es evitar sesgos que puedan limitar la creatividad o la inclusión en las producciones. La IA puede ofrecer una solución parcial a este problema. Los algoritmos bien entrenados pueden ayudar a hacer el proceso más imparcial, eliminando algunos de los prejuicios inconscientes que a veces afectan las decisiones de selección de actores. Sin embargo, es esencial que estos algoritmos se diseñen y entrenen de manera responsable, para no perpetuar sesgos presentes en los datos. En este sentido, la ética en el uso de la IA juega un papel fundamental.

Existen varias herramientas de IA actualmente en el mercado que ya están siendo usadas por grandes estudios y productores independientes. Por ejemplo, algunas plataformas permiten a los directores de casting subir guiones o descripciones de personajes, y el sistema, utilizando IA de procesamiento de lenguaje natural, encuentra automáticamente a los actores cuyas características y trabajos previos más se asemejan a lo que estás buscando. Además, sistemas avanzados de análisis de video permiten evaluar las audiciones, no solo en términos de cómo se ven o suenan los actores, sino también a través del análisis emocional de sus interpretaciones, detectando la intensidad y autenticidad de sus emociones.

Si decides incorporar estas herramientas en tu flujo de trabajo, podrías iniciar con algo tan sencillo como introducir una descripción de los personajes en un sistema de IA para que este te sugiera actores o actrices disponibles en bases de datos que, de otra manera, tal vez nunca habrías encontrado. Para configurarlo, simplemente puedes realizar un prompt específico como: "Encuentra actores con experiencia en papeles dramáticos que tengan entre 30 y 40 años, con habilidad para interpretar emociones intensas". A partir de este input, la IA hará una búsqueda mucho más eficiente que si lo hicieras manualmente, dejando más espacio para la revisión detallada de las mejores opciones.

Es posible que las herramientas de casting basadas en IA continúen evolucionando, no solo para ser más precisas, sino para incorporar factores más creativos e incluso emocionales. Podrías tener un sistema que no solo evalúe la actuación técnica de un actor, sino que también mida el impacto emocional que su actuación genera en un público objetivo, a través de análisis biométricos o de expresiones faciales. Esta tecnología aún está en desarrollo, pero es emocionante pensar en las posibilidades que abre para la industria.

2.7. Ensayos de actores con la IA

Durante este proceso, los actores exploran sus personajes, pulen sus interpretaciones y ajustan su interacción con otros miembros del elenco. Sin embargo, la planificación de ensayos puede ser compleja, especialmente en producciones grandes o cuando los actores tienen agendas complicadas. Aquí es donde la inteligencia artificial ofrece herramientas innovadoras que no solo facilitan la logística, sino que también mejoran la calidad de los ensayos.

Una de las aplicaciones más interesantes de la inteligencia artificial en este ámbito es la IA de voz, que puede generar diálogos realistas sin la necesidad de que todos los actores estén presentes físicamente. Esto es especialmente útil cuando los actores están en diferentes partes del mundo o tienen dificultades para coincidir en el mismo espacio. Herramientas como Respeecher o Sonantic pueden generar voces sintéticas de alta calidad, que imitan de manera precisa el tono, el timbre y las emociones del actor. Estas voces pueden ser utilizadas para leer diálogos o responder en ensayos virtuales, proporcionando a los actores la oportunidad de practicar sus líneas y perfeccionar su sincronización con las respuestas de otros personajes, incluso cuando esos actores no están disponibles.

Imagina que estás trabajando en una producción en la que el actor principal se encuentra en una ubicación remota. Mediante la IA de voz, puedes cargar su guion en una plataforma como Sonantic y generar una voz que se asemeje a la suya, permitiendo que los demás actores practiquen sus escenas con una representación precisa de cómo su compañero de reparto interpretará las líneas. Esta tecnología no solo acelera el proceso de ensayo, sino que también garantiza que los actores puedan adaptarse a los tonos y matices emocionales que escucharán en la filmación, lo que a menudo mejora la química entre personajes.

Otra herramienta de IA que ha comenzado a ganar popularidad en los ensayos de actores son los asistentes virtuales de dirección, que utilizan inteligencia artificial para simular escenarios y dirigir el ensayo. Plataformas como Movella Xsens o AI Rehearsal Studio permiten simular las indicaciones que el director daría en una escena, sugiriendo cambios en la entonación, ajustes de postura o movimientos físicos que optimizan la interpretación. Al recibir esta retroalimentación automatizada, los actores pueden afinar su actuación sin la presencia constante de un director, lo cual agiliza el proceso y reduce el número de ensayos en los que es necesaria la intervención directa del equipo de dirección.

Una posibilidad emocionante que ofrecen las IAs actuales es que los actores puedan programar un modelo como GPT y usarlo para ensayar de manera interactiva. Con el apoyo de una IA de voz, como las que ofrece OpenAI, un actor puede configurar la IA para que interprete al otro personaje en una escena. Esta IA respondería de acuerdo con el guion o incluso podría improvisar respuestas basadas en las indicaciones programadas. De esta forma, el actor puede practicar sus líneas y recibir respuestas realistas, ajustando la escena en tiempo real, sin necesidad de que su compañero de reparto esté presente.

Esta herramienta no solo permite ensayar diálogos de manera fluida, sino que también abre la puerta a variaciones creativas. Al adaptar la IA para cambiar los matices emocionales o las reacciones del personaje, el actor puede experimentar diferentes enfoques interpretativos, algo que no siempre es posible en ensayos presenciales. Es una forma innovadora de mantener el ritmo y la calidad de los ensayos, aprovechando la tecnología para ofrecer más control y flexibilidad en el proceso actoral.

Además de la IA de voz y los asistentes virtuales, también existen herramientas de IA que ayudan a los actores a ensayar sus movimientos en escena. Las tecnologías de captura de movimiento asistida por IA, como Xsens, permiten a los actores practicar sus movimientos y coreografías sin necesidad de estar en el set. Estas plataformas registran los movimientos del actor y los traducen en un entorno virtual, donde los actores pueden ver en tiempo real cómo se moverían en la escena final. Esto es particularmente útil en escenas de acción o coreografías complejas, donde los actores necesitan practicar de manera precisa antes del rodaje.

Por ejemplo, en una escena de acción de una película, puedes utilizar sistemas de captura de movimiento para que los actores ensayen sus desplazamientos y movimientos físicos de forma virtual. Incluso si están en diferentes ubicaciones, los actores pueden ver cómo interactúan con el entorno y entre ellos en tiempo real, gracias a las simulaciones generadas por IA. Al combinar esto con la IA de voz, los ensayos virtuales pueden ser casi tan efectivos como los presenciales, y permiten identificar posibles problemas o ajustes en la coreografía antes de llegar al set.

Si, por ejemplo, un actor está luchando por encontrar el tono adecuado en una escena dramática, la IA puede analizar el ensayo y sugerir ajustes en la entrega, recomendando un cambio en la velocidad de la línea o en el nivel de intensidad emocional. De esta manera, el actor recibe retroalimentación constructiva en tiempo real, lo que le permite corregir su actuación sin necesidad de repetir demasiadas veces la misma escena.

Otra ventaja que aporta la IA es la posibilidad de explorar múltiples variantes de interpretación. Mediante el uso de asistentes de IA en ensayos, los actores pueden probar diferentes enfoques para una escena y obtener retroalimentación instantánea sobre cómo cada variante podría impactar la narrativa o el tono emocional de la historia. Esto fomenta la creatividad y permite a los actores experimentar con sus personajes, sin sentir la presión de tener que acertar en una sola toma o interpretación desde el principio.

Los ensayos presenciales siguen siendo insustituibles en términos de química actoral, interacción emocional y ajuste fino de las interpretaciones, pero la IA te brinda la capacidad de ensayar de manera remota, flexible y eficiente, preparando a los actores para el momento en que finalmente estén todos en el mismo espacio. A medida que la IA siga evolucionando, también es probable que veamos más avances en la creación de entornos virtuales interactivos donde los actores puedan ensayar escenas completas con un realismo sorprendente. Las producciones con grandes efectos visuales, como las películas de ciencia ficción o fantasía, ya están comenzando a integrar simulaciones de IA que permiten a los actores interactuar con elementos virtuales en tiempo real, mejorando la fluidez de las interpretaciones en ambientes que aún no existen físicamente.

2.8. Creación de conceptos y diseños

La inteligencia artificial ha transformado la manera en que concebimos y desarrollamos ideas visuales en la producción audiovisual. Lo que antes podía ser un proceso largo y a menudo limitado por la capacidad humana de visualizar conceptos abstractos, hoy puede acelerarse y ampliarse mediante el uso de IA. Sin embargo, no se trata simplemente de delegar el trabajo a una máquina; la verdadera potencia está en cómo integramos estas herramientas para potenciar la creatividad, que sigue siendo el eje central en todo proceso audiovisual.

Hoy en día, la creación de conceptos y diseños para una producción no depende solo de bocetos iniciales o ideas verbales, sino de cómo estas pueden evolucionar y transformarse en propuestas tangibles. Herramientas basadas en inteligencia artificial permiten a los creadores experimentar con variaciones casi infinitas de una idea en cuestión de minutos. Esto no solo ahorra tiempo, sino que abre la puerta a nuevas posibilidades, ampliando los horizontes creativos. La IA se convierte en un socio que permite explorar caminos que, de otro modo, habrían sido limitados por el tiempo y los recursos.

Los beneficios de la IA en la creación de conceptos y diseños son evidentes. Con herramientas como generadores de imágenes impulsados por IA, puedes convertir una idea vaga en una propuesta visual concreta, permitiendo iteraciones rápidas y flexibles. Esto es particularmente valioso en fases tempranas de la producción, donde la experimentación es clave para descubrir la mejor dirección artística o estética. No obstante, el verdadero valor de estas herramientas radica en cómo tú, como creativo, puedes guiar y refinar esos resultados. La IA puede generar cientos de variaciones de una idea, pero solo tu visión puede seleccionar la que mejor representa el mensaje o el estilo de tu producción.

A la hora de aplicar estas tecnologías en tu flujo de trabajo, es fundamental entender el tipo de IA que mejor se adapta a tus necesidades. Para conceptos visuales, las IA generadoras de imágenes, como MidJourney o DALL·E (cuando leas esto habrán muchas IAs más), son herramientas poderosas que pueden crear bocetos iniciales o incluso imágenes finalizadas que sirvan como referencia para el equipo de producción. Si trabajas en la creación de storyboards o ideas de diseño, estas herramientas te permitirán experimentar de manera rápida y económica.

Un caso práctico en este contexto podría ser la previsualización de sets o locaciones para un rodaje. Utilizando una IA generadora de imágenes, podrías describir los elementos clave de la escena, como "una calle empedrada en una ciudad europea, con luces tenues al atardecer", y la IA te proporcionaría imágenes que podrían servir como punto de partida. Esto no solo optimiza el proceso de conceptualización, sino que también facilita la comunicación con el equipo de diseño, ya que todos tienen una referencia visual clara desde el inicio.

Además, un aspecto crucial que no debe pasarse por alto es el impacto económico y operativo de estas herramientas. No es solo la rapidez lo que impresiona, sino el ahorro en recursos. Al poder generar conceptos visuales de manera más ágil y precisa, se reducen los costos asociados a la contratación de diseñadores para bocetos iniciales o la necesidad de crear prototipos físicos. Sin embargo, como con cualquier avance tecnológico, hay desafíos. Es importante que te asegures de que las imágenes generadas por IA sean coherentes con la visión artística del proyecto, lo que requiere de un control humano constante. La clave está en saber cuándo y cómo ajustar los resultados de la IA para que se alineen con los objetivos creativos de la producción.

Para que puedas integrar estas herramientas en tu trabajo, un buen punto de partida sería experimentar con prompts específicos en IA generadoras de imágenes. Por ejemplo, si estás desarrollando un concepto visual para una producción de ciencia ficción, podrías probar con descripciones detalladas como "una nave espacial abandonada en un planeta desértico, con tonos de naranja y azul, con un toque de decadencia retrofuturista." Ajusta el nivel de detalle según lo que quieras obtener, y verás cómo la IA te devuelve imágenes que, aunque necesiten ajustes, te darán un punto de partida concreto para tu diseño.

Algunas ideas para probar:

"Diseña un escenario para un programa de televisión de entrevistas, con un estilo visual inspirado en la arquitectura moderna y un enfoque en la funcionalidad y la comodidad."

"Crea un concepto de vestuario para un personaje de una serie de televisión de drama histórico, con un diseño inspirado en la moda del siglo XIX y un enfoque en la precisión histórica."

"Crea un concepto de gráficos para un documental sobre la tecnología, con un estilo visual inspirado en la obra de Discovery Channel y un enfoque en la creación de gráficos claros y precisos."

"Crea un diseño de infografía para un artículo sobre la evolución del clima en la última década, con un estilo visual inspirado en la obra de The New York Times y un enfoque en la claridad y la precisión."

"Crea un concepto de gráficos para un perfil de Instagram sobre la moda, con un estilo visual inspirado en la obra de The New York Times y un enfoque en la creación de gráficos claros y precisos."

"Genera un diseño de iluminación para una escena de una película de drama, con un estilo visual inspirado en la obra de Stanley Kubrick y un enfoque en la creación de un ambiente intenso y emocional."

El futuro en la creación de conceptos y diseños visuales en la industria audiovisual con IA es apasionante. A medida que las herramientas continúan evolucionando, su capacidad para generar imágenes más precisas y personalizadas solo aumentará. Pronto podríamos ver IA que no solo respondan a prompts textuales, sino que comprendan intenciones artísticas más profundas, logrando propuestas que respeten estilos específicos o que simulen la estética de un director o diseñador. Sin embargo, a medida que estas tecnologías avanzan, siempre será fundamental que el humano mantenga el control creativo.

2.9. Selección de locaciones

Una locación adecuada no solo refuerza la narrativa, sino que también establece el tono visual, emocional y temático de una obra.el proceso de selección de locaciones ha evolucionado considerablemente con lA, permitiéndote explorar posibilidades que antes habrían sido inalcanzables o, al menos, más difíciles de prever. Al integrar IA en esta fase del proyecto, no solo puedes optimizar tiempo y recursos, sino también abrir la puerta a nuevas formas de creatividad.

La IA tiene la capacidad de analizar datos en tiempo real, identificar patrones y generar recomendaciones basadas en un análisis exhaustivo de las características de diferentes locaciones. Qué harías si estás buscando una locación que evoque un sentimiento específico, como desolación o misterio. A través de herramientas impulsadas por IA, es posible analizar miles de imágenes de paisajes y espacios urbanos en cuestión de minutos, comparando elementos clave como la luz natural, la textura de los edificios o la amplitud del horizonte. Esto te permite concentrar tus esfuerzos en locaciones que verdaderamente contribuyan a la narrativa de tu proyecto.

El impacto de la inteligencia artificial no solo se limita a la preselección de locaciones, sino que también te ofrece la posibilidad de simular cómo se verán ciertos lugares bajo diferentes condiciones. Esto es especialmente útil cuando trabajas con restricciones de presupuesto o tiempo, ya que la IA puede mostrarte cómo una locación se verá bajo una iluminación específica o durante distintas estaciones del año. Herramientas como Google Earth Studio y Klapty AI son ejemplos de cómo la tecnología permite generar vistas aéreas o panorámicas en 360 grados, para evaluar la integración de una locación en tu producción sin necesidad de visitarla físicamente.

En un caso reciente, una productora estaba buscando una locación que combinara un ambiente natural con un entorno urbano moderno. Utilizando IA, pudieron reducir su búsqueda inicial de cientos de lugares a solo cinco opciones relevantes, todas basadas en parámetros específicos como la accesibilidad, la arquitectura, y la luz natural. Además, las herramientas permitieron previsualizar cómo se vería cada locación bajo la luz del atardecer, un factor clave en la narrativa visual del proyecto. Este nivel de precisión ahorró horas de exploración y permitió que la producción avanzara con mayor fluidez.

La inteligencia artificial también ha demostrado ser una aliada cuando se trata de optimizar la logística de la selección de locaciones. Herramientas como Scenecronize y StudioBinder integran algoritmos que permiten calcular distancias, accesos y costos asociados a cada lugar, facilitando la planificación y gestión de equipos de trabajo. Si tienes un proyecto que necesita múltiples locaciones en un área geográfica específica, la IA puede sugerirte rutas optimizadas para minimizar los tiempos de traslado o incluso identificar sitios que no estaban en tu radar pero que cumplen con las especificaciones de la producción. Esto no solo reduce costos, sino que también aumenta la eficiencia del proceso. También podrías contar con la asistencia de las IA que ya conoces y que no requieren suscripción o pago, te muestro un ejemplo:

"Planifica un plan de grabación para una película que se rodará en 5 locaciones diferentes en una ciudad.

Las locaciones son:
Loc. 1: Parque en el centro (libre de 9 a 17)
Loc 2: Restaurante en el Salitre (libre de 12 a 22)
Loc. 3: Edificio de oficinas (libre de 9 a 17)
Locación 4: Puente peatonal río (libre de 6 a 14)
Locación 5: Teatro Bello arte (libre de 10 a 17)

La distancia entre las locaciones es la siguiente:
Locación 1 a Locación 2: 10 minutos en coche
Locación 2 a Locación 3: 20 minutos en coche
Locación 3 a Locación 4: 30 minutos en coche
Locación 4 a Locación 5: 15 minutos en coche

El plan de grabación debe incluir:

2 escenas en Locación 1 (mañana)
1 escena en Locación 2 (tarde)
1 escena en Locación 3 (mañana)
1 escena en Locación 4 (noche)
1 escena en Locación 5 (tarde)

¿Cuál es el plan de grabación más eficiente para minimizar el tiempo de transporte y maximizar el tiempo de grabación?"

El papel de la IA en la selección de locaciones no se limita a análisis de datos o simulaciones visuales. También está comenzando a utilizarse para analizar el impacto emocional y psicológico que una locación puede tener en la audiencia. A través del análisis de patrones visuales y el reconocimiento de emociones, las herramientas de IA pueden sugerir espacios que generen la atmósfera emocional deseada. Por ejemplo, si deseas que una locación transmita una sensación de opresión o claustrofobia, la IA puede identificar lugares con características arquitectónicas o geográficas que evoquen ese tipo de respuesta en los espectadores. Este tipo de análisis, basado en estudios psicológicos del impacto del espacio, puede ser una herramienta valiosa en la búsqueda de locaciones que realmente potencien la narrativa.

Como en cualquier otra área del proceso creativo, es fundamental que mantengas la visión central de tu proyecto mientras trabajas con IA. La tecnología te proporcionará una vasta cantidad de datos, pero eres tú quien debe tomar las decisiones finales. En muchas ocasiones, es posible que encuentres locaciones que, aunque no encajan en los parámetros lógicos sugeridos por la IA, poseen una calidad intangible que las hace ideales para tu proyecto. Es ahí donde tu criterio reitera su vocería, y donde la inteligencia artificial debe ser vista como un colaborador, no como un sustituto.

Si bien hoy en día la IA ya ofrece soluciones innovadoras para la selección de locaciones, el futuro promete aún más avances en esta área. Podremos ver sistemas que no solo analicen las características físicas y emocionales de una locación, sino que también adapten esas recomendaciones en tiempo real, basadas en las necesidades cambiantes del guion o la dirección artística. La integración de realidad aumentada y virtual también permitirá que los equipos de producción exploren y modifiquen digitalmente locaciones antes de siquiera pisar el set, lo que añadirá una nueva dimensión de flexibilidad creativa.

La selección de locaciones apoyada por inteligencia artificial no solo mejora la eficiencia operativa, sino que también expande las posibilidades creativas. Al combinar el análisis de datos con la capacidad intuitiva del ser humano, puedes encontrar locaciones que no solo sirvan a tu historia, sino que la potencien de maneras que antes habrían sido difíciles de imaginar. La IA es una herramienta que, utilizada sabiamente, te permitirá alcanzar nuevos niveles de precisión y creatividad en tu proceso de producción, manteniendo siempre en el centro la verdadera esencia de tu obra: la narrativa visual.

2.10. Selección de materiales y colores

En el mundo audiovisual, la selección de materiales y colores juega un papel fundamental en la construcción de emociones, atmósferas y narrativas visuales. Con la llegada de la inteligencia artificial, este proceso, que históricamente ha dependido de la intuición y experiencia humana, ha dado un giro significativo. Hoy en día, la IA no solo facilita el proceso de selección, sino que también abre nuevas posibilidades creativas al proporcionar datos y sugerencias que antes no estaban al alcance de un profesional.

El impacto de los colores en una escena va mucho más allá de lo estético; afecta directamente la percepción emocional del espectador. A través de algoritmos de análisis de datos visuales, la IA puede identificar paletas de colores que mejor transmiten una sensación específica, ya sea tranquilidad, urgencia o nostalgia. Para muchos creadores, este tipo de análisis puede parecer intimidante o incluso una amenaza a la creatividad, pero es todo lo contrario. Al aprovechar estas herramientas, puedes liberar tiempo y enfoque para profundizar en el verdadero arte: el desarrollo de la narrativa visual.

Hoy en día, existen diversas herramientas de inteligencia artificial diseñadas para analizar cualquier tipo de imagen. Estas no solo analizan tendencias de color en la industria, sino que también pueden sugerir combinaciones que potencien la cohesión visual en una escena o a lo largo de toda una producción. Herramientas como Copilot o ChatGPT permiten cargar imágenes de referencia y obtener sugerencias de paletas de colores basadas en algoritmos que reconocen patrones estéticos. Si estás trabajando en un proyecto que debe evocar una era histórica o una atmósfera futurista, la IA puede analizar referencias visuales y sugerir tanto colores como materiales que encajen con esa visión.

Por ejemplo, si estás dirigiendo una producción ambientada en los años 80, podrías usar una herramienta de IA para analizar cientos de imágenes de películas icónicas de esa década, lo que te permitiría replicar o reinterpretar la sensación visual mediante una paleta cromática específica y texturas de materiales que eran populares en esa época. A través de esta tecnología, la IA no sustituye la visión del director, sino que la potencia al ofrecer datos detallados y recomendaciones fundamentadas.

Otra ventaja que ofrecen las herramientas de IA es la capacidad de previsualizar cómo diferentes combinaciones de materiales y colores interactuarán en escena. Desde el tipo de iluminación que mejor resaltará una textura hasta cómo el color de un vestuario impacta en la percepción general de un personaje, estas tecnologías pueden simular escenarios antes de que siquiera hayas empezado a rodar. Esto no solo optimiza la producción, ahorrando tiempo y recursos, sino que también permite tomar decisiones creativas más informadas. Una herramienta como Adobe Color AI te permite crear paletas que se ajustan perfectamente a la intención emocional de tu proyecto, mientras que Luminar AI puede analizar la luz de una escena y sugerir los mejores ajustes para mantener la coherencia visual en cada escena.

Prueba con el siguiente prompt en tu IA favorita: "Un collage 2x2 que muestra una escena de ciencia ficción ambientada en los años 1920. En el centro de cada escena hay una nave espacial con paneles de bronce, cobre y madera, texturizados con metal y cuero. Junto a la nave, un personaje con un traje de aviador de la época y un casco de cuero. Cada cuadro del collage presenta un tipo diferente de iluminación: la esquina superior izquierda está iluminada por una lámpara de arco industrial, proyectando sombras fuertes y luces metálicas; la esquina superior derecha muestra la nave bajo la luz vibrante de una ciudad futurista con tonos fríos y neones; la esquina inferior izquierda utiliza iluminación cálida de tungsteno que da un ambiente nostálgico y acogedor; y la esquina inferior derecha tiene una iluminación suave de la luz de la luna, creando un entorno sereno con tonos azulados."

Imagina, por ejemplo, que estás trabajando en un corto de ciencia ficción que explora los límites de la percepción humana. Una IA puede sugerir combinaciones de colores que representen la transición de un estado mental a otro, basándose en patrones psicológicos de cómo los colores influyen en las emociones humanas. Sin embargo, la magia ocurre cuando decides cómo esas sugerencias se integran de manera única en tu narrativa, ajustando cada detalle para que los colores y los materiales seleccionados realcen los temas subyacentes de la historia.

Hacia el futuro, la IA probablemente se integre aún más en el proceso de selección de materiales y colores, no solo ofreciendo recomendaciones, sino también colaborando de manera más dinámica con los creativos. Podremos ver sistemas que no solo analicen colores y materiales, sino que también propongan ideas basadas en la evolución de las tendencias o en la interacción en tiempo real con los espectadores. Esto permitirá una mayor personalización y un enfoque más interactivo en el proceso creativo. Al final, estas herramientas pueden guiarte en la dirección correcta, pero siempre serás tú quien mantenga las riendas del proceso creativo, aplicando tu experiencia, tu intuición y tu arte en cada decisión.

2.11. Logística y cronograma

La planificación logística y la creación de un cronograma eficiente son dos de los componentes más desafiantes y esenciales en cualquier producción audiovisual. En este contexto, la inteligencia artificial ofrece soluciones innovadoras que permiten optimizar la organización del equipo, la utilización de recursos y la programación de las actividades necesarias para que todo funcione sin contratiempos. Integrar IA en esta etapa te ayuda a evitar errores costosos, reducir el tiempo de preparación y garantizar que la producción avance según lo planeado.

Tomemos como ejemplo un documental sobre la conservación de la vida silvestre en África. En este tipo de producción, hay múltiples factores impredecibles, como la disponibilidad de los animales que se desean filmar, el acceso a locaciones remotas y las condiciones climáticas. Aquí es donde la IA entra en juego, ofreciendo herramientas para prever estos retos y ajustar el cronograma en consecuencia, facilitando una planificación más flexible y adaptada a las circunstancias del proyecto.

El primer paso en la planificación logística es la identificación de los recursos y el personal necesario para cada fase del proyecto. Herramientas de inteligencia artificial como StudioVity permiten analizar el guion y generar automáticamente un desglose de las necesidades de producción, lo que incluye equipo técnico, transporte, alojamiento y permisos. En el caso del documental sobre vida silvestre, por ejemplo, la IA puede identificar qué tipo de cámaras especializadas necesitas para filmar en condiciones extremas, o calcular cuántos días son necesarios para captar las tomas clave en diferentes hábitats.

Además, la IA te ayuda a prever la disponibilidad y la eficiencia de los recursos humanos. En un documental de esta naturaleza, puede que trabajes con expertos en biología, guías locales y equipos de filmación especializados en tomas en la naturaleza. A través de plataformas como SetHero, la IA puede optimizar el uso del personal, generando horarios ajustados a las disponibilidades de los expertos y a las condiciones climáticas más propicias para la filmación. Esto te permite maximizar el tiempo del equipo, evitando tiempos muertos innecesarios y optimizando los días de rodaje.

Un elemento clave en la planificación de la logística es el transporte. En producciones como la un documental en África, el equipo a menudo necesita moverse entre locaciones distantes en zonas rurales o en áreas de difícil acceso. La IA puede analizar rutas y generar opciones logísticas que reduzcan el tiempo de desplazamiento y optimicen los costos de transporte. Esto es fundamental cuando se trabaja con presupuestos ajustados, ya que los gastos relacionados con el transporte y el alojamiento pueden rápidamente salirse de control. Aplicaciones como Roadmap AI ofrecen soluciones para calcular la ruta más eficiente, teniendo en cuenta factores como el tráfico, la seguridad y las condiciones climáticas.

El siguiente paso en la planificación es la creación del cronograma. Aquí es donde la inteligencia artificial puede marcar una gran diferencia. A través de herramientas como Fuzzlecheck AI, es posible generar un cronograma detallado que tenga en cuenta todas las variables externas que pueden afectar la producción. En el caso del documental de vida silvestre, la IA puede acceder a datos meteorológicos en tiempo real para ajustar las jornadas de filmación en función de las condiciones climáticas, recomendando los mejores momentos para filmar en exteriores o en locaciones críticas. La capacidad de ajustar el cronograma en tiempo real garantiza que no se pierdan días de rodaje por situaciones imprevistas.

También puedes manejar el plan de rodaje a través de IAs no especializadas, tan solo debes crear el prompt correcto y proporcionarle la información adecuada, te muestro un ejemplo desde lo más básico para que lo pruebes:

Prompt:
¿Qué datos necesitas que te proporcione para que puedas crear un plan de rodaje de una producción audiovisual que estoy apunto de empezar a rodar?

Respuesta IA:
Excelente pregunta Para crear un plan de rodaje efectivo, necesitaré algunos datos clave sobre tu producción audiovisual. Por favor, proporciona la siguiente información:

1. Título y sinopsis de la producción: Un breve resumen de la historia y el género de la producción.

2. Locaciones: Una lista de las locaciones que se utilizarán para la producción, incluyendo:
  Dirección y coordenadas geográficas

Descripción de la locación (interior, exterior, tipo de edificio)
Horario de disponibilidad para cada locación

3. Escenas y secuencias: Una lista de las escenas y secuencias que se deben grabar, incluyendo:
Número de escena y secuencia
Descripción de la escena y secuencia
Locación donde se grabará cada escena y secuencia
Número de actores y extras en cada escena y secuencia

4. Horario de rodaje: La fecha y hora de inicio y fin del rodaje, así como cualquier restricción de horario (por ejemplo, noches, fines de semana, etc.)

5. Equipo y personal: Una lista del equipo y personal involucrado en la producción, incluyendo:
Director
Productor
Director de fotografía
Operador de cámara
Sonidista
Actores y extras

6. Presupuesto y recursos: Información sobre el presupuesto y recursos disponibles para la producción, incluyendo:
Presupuesto total
Presupuesto para locaciones, equipo y personal
Recursos disponibles (por ejemplo, vehículos, equipo de iluminación, etc.)

7. Requisitos especiales: Cualquier requisito especial para la producción, como:
Efectos especiales
Maquillaje y peluquería
Vestuario y accesorios
Animales o vehículos involucrados en la producción

Con esta información, podré crear un plan de rodaje detallado y efectivo para tu producción audiovisual.

Otro aspecto donde la IA tiene un impacto significativo es en la gestión de permisos y trámites burocráticos. Filmar en áreas protegidas o en países extranjeros, como es el caso de nuestro documental, requiere una serie de permisos y licencias, que a menudo varían según la región o las autoridades locales. Herramientas como SyncOnSet permiten automatizar la gestión de estos permisos, asegurándose de que todos los documentos legales estén en regla antes del rodaje. Al automatizar este proceso, se reducen los tiempos de espera y se minimizan los riesgos de enfrentarse a contratiempos legales que podrían detener la producción.

Durante el rodaje de un documental sobre vida silvestre, el tiempo es uno de los factores más críticos, ya que los fenómenos naturales no ocurren según un cronograma. Los animales se mueven de manera impredecible, y las condiciones del hábitat cambian rápidamente. Aquí es donde el uso de drones controlados por IA y cámaras con algoritmos de detección automática pueden facilitar el proceso. Estos equipos permiten capturar imágenes sin la necesidad de mover constantemente a los camarógrafos, lo que optimiza el tiempo y aumenta la precisión de las tomas. Por ejemplo, un equipo documentalista que filmaen la sabana africana utiliza drones con IA para rastrear a las manadas y predecir su ruta de migración. Gracias a esto, se organiza el cronograma de manera precisa.

El uso de IA también facilita la coordinación entre departamentos. Una de las mayores dificultades en producciones de gran escala, como los documentales de naturaleza, es garantizar que todos los equipos involucrados (cámaras, sonido, logística, dirección) trabajen de manera sincronizada. Las plataformas de IA permiten compartir en tiempo real los avances del cronograma, enviar alertas sobre cambios imprevistos y optimizar la comunicación entre todos los departamentos. Esto es particularmente útil cuando el equipo está distribuido en diferentes locaciones y es fundamental que todos se mantengan al tanto de los progresos y ajustes necesarios.

Aunque la IA ha demostrado ser una herramienta poderosa en la planificación logística y del cronograma, es importante recordar que sigue siendo fundamental mantener una mentalidad flexible y abierta a los cambios. Incluso con toda la tecnología a nuestra disposición, el rodaje de documentales, especialmente en escenarios naturales impredecibles, sigue dependiendo de la capacidad del equipo para adaptarse y tomar decisiones rápidas. La IA puede ayudarte a prever desafíos y optimizar recursos, pero la improvisación y el instinto humano son, en muchos casos, lo que marcan la diferencia en el éxito de una producción.

Es probable que veamos un aumento en la integración de la inteligencia artificial en todas las etapas de la planificación logística y la creación de cronogramas. Con avances en el análisis predictivo y la inteligencia geoespacial, las herramientas de IA podrán predecir incluso cambios más sutiles en el clima, los movimientos de la fauna o las condiciones del terreno, permitiendo una planificación aún más precisa y adaptable. Estas innovaciones no solo beneficiarán a los documentales de naturaleza, sino a todo tipo de producciones audiovisuales que dependan de una logística compleja y de un cronograma ajustado.

La planificación de la logística y el cronograma es un proceso que, apoyado por la inteligencia artificial, se vuelve más eficiente, flexible y preciso. Al automatizar tareas complejas y optimizar recursos, puedes dedicar más tiempo a los aspectos creativos de tu producción, mientras que la IA te ayuda a mantener el control sobre los detalles técnicos y organizativos. Como siempre te digo, la clave está en encontrar el equilibrio adecuado entre la tecnología y la intuición humana, permitiendo que ambas trabajen juntas para lograr una ejecución impecable y un resultado final que refleje tu visión creativa.

2.12. Planificación financiera

Aunque la creatividad es el alma del proyecto, la realidad económica es la que define el alcance y la ejecución de esa visión. Aquí es donde la inteligencia artificial ha comenzado a jugar un papel transformador, ofreciendo herramientas que optimizan tanto la creación de presupuestos como la gestión de los recursos financieros a lo largo de todo el proceso de producción. Integrar la IA en esta etapa no solo facilita la planificación, sino que también permite aprovechar al máximo cada dólar invertido, sin sacrificar la calidad creativa.

En cualquier proyecto audiovisual, la creación de un presupuesto efectivo y realista requiere equilibrar una serie de variables: desde los costos de preproducción, hasta los gastos de locaciones, equipo, personal, postproducción y marketing. Este proceso, que tradicionalmente ha sido complejo y manual, puede volverse mucho más eficiente con la ayuda de la inteligencia artificial. Hoy en día, existen herramientas de IA capaces de analizar producciones pasadas, generar proyecciones financieras y sugerir estrategias que optimicen el uso de los recursos. Herramientas como RivetAI y Cinelytic pueden generar presupuestos estimados basados en datos históricos y parámetros específicos de tu proyecto, como el género, la duración, y las locaciones. Por supuesto siempre contarás con las AI populares para asistir esta labor.

El proceso de planificación financiera no solo implica estimar costos, sino también prever escenarios de contingencia. La IA es particularmente útil para identificar áreas donde los costos podrían aumentar inesperadamente, ya sea por retrasos en el calendario de rodaje o cambios en las condiciones de las locaciones. Algoritmos predictivos pueden analizar variables como el clima, las condiciones del mercado o incluso las tendencias en los costos de alquiler de equipo, para ayudarte a planificar un presupuesto que incluya amortiguadores realistas. Esta capacidad predictiva te permite tomar decisiones más informadas, minimizando los riesgos financieros y asegurando que los fondos estén asignados de manera óptima.

Un equipo de cine independiente podría utilizar inteligencia artificial para crear un presupuesto dinámico que se ajuste a las fluctuaciones del mercado en tiempo real. A través del análisis de grandes volúmenes de datos financieros, la IA podría predecir los momentos más favorables para adquirir ciertos materiales y equipos, así como identificar las mejores oportunidades de negociación para servicios y locaciones. Esto no solo reduciría significativamente los costos, sino que también permitiría que los productores reinvirtieran los fondos ahorrados en mejorar la calidad del contenido.

Además de la creación de presupuestos, la IA ha demostrado ser una herramienta invaluable en la gestión de recursos financieros durante la producción. Una vez que el proyecto está en marcha, mantener el control sobre los gastos y asegurarse de que se mantengan dentro del presupuesto es un desafío continuo. Las plataformas de IA como Saturation.io y Wrapbook permiten rastrear los gastos en tiempo real, generando informes financieros actualizados que te ayudan a evitar desviaciones significativas. A través de la automatización de procesos financieros, estas herramientas te brindan una visibilidad completa sobre el estado del presupuesto, asegurando que cada departamento opere dentro de los límites establecidos. También puedes utilizar herramientas como Google Drive para el manejo de hojas de cálculo e integrarla con la IA propia de la casa llamada Gemini, a partir de la construcción de prompts de calidad podrás lograr resultados óptimos sin pagar precios excesivos o en algunas ocasiones gratis.

Recuerda que no necesariamente debes contar con las aplicaciones antes mencionadas, también puedes usar tus Chats-IA preferidos para asistir tu trabajo, mira a continuación un sencillo ejemplo:

Prompt:
Analiza la siguiente sinopsis de mi cortometraje y dame un aproximado de cómo puedo distribuir $5000 que tengo de presupuesto para producir el cortometraje.

Sinopsis:
La historia sigue a un joven llamado Alex que se encuentra en una situación difícil después de perder su trabajo y su relación. Un día, mientras camina por la ciudad, se encuentra con un viejo amigo que le ofrece un trabajo en una empresa de construcción. Alex acepta el trabajo y pronto se da cuenta de que la empresa es una tapadera para una operación ilegal. Alex debe decidir si seguir trabajando para la empresa o denunciarla a las autoridades.

Respuesta IA:

¡Genial Empecemos!
Personajes:
Alex (protagonista)
Viejo amigo (secundario)
Jefe de la empresa (secundario)
2-3 trabajadores de la empresa (extras)

Locaciones:
Ciudad (exteriores)
Oficina de la empresa (interiores)
Sitio de construcción (exteriores)
Días de grabación:
3-4 días para escenas en la ciudad y la oficina
2-3 días para escenas en el sitio de construcción
Total de días de grabación: 5-7 días

- Locaciones: $550 (11%)
- Actores y extras: $1100 (22%)
- Equipo y personal: $1400 (28%)
- Vestuario y accesorios: $150 (3%)
- Maquillaje y peluquería: $50 (1%)
- Sonido y música: $350 (7%)
- Edición y postproducción: $1400 (28%)

Es importante tener en cuenta que estos son solo estimados y que los costos reales pueden variar dependiendo diversas variables.

Es posible que también te preguntes sobre la ética y la precisión en la toma de decisiones financieras a través de la IA. Si bien estas herramientas se basan en datos objetivos y análisis predictivo, es esencial que mantengas el control sobre las decisiones finales. Al confiar exclusivamente en la inteligencia artificial para gestionar tu presupuesto, podrías pasar por alto consideraciones humanas que son difíciles de cuantificar pero que pueden tener un impacto significativo en el éxito del proyecto. Siempre asegúrate de equilibrar la eficiencia de los algoritmos con tu propio criterio y experiencia.

Podremos ver avances en la automatización de procesos complejos, como la gestión de fondos de inversión, o la optimización de ingresos por distribución y ventas. También es previsible que la IA pueda integrarse con plataformas de crowdfunding, sugiriendo estrategias de recaudación de fondos basadas en datos de tendencias del mercado y comportamientos de los donantes. Como siempre, la clave está en encontrar el equilibrio entre la eficiencia tecnológica y la intuición creativa, manteniendo la creatividad como el eje central de tu obra.

2.13. Selección del equipo de producción

Cada miembro del equipo trae habilidades específicas que contribuyen a la calidad final del producto, y una selección cuidadosa asegura que cada tarea esté en manos de las personas más capacitadas y alineadas con la visión del proyecto. En esta era donde la inteligencia artificial ha comenzado a integrarse en diversas áreas de la producción, el proceso de selección también ha evolucionado. Las herramientas de IA ahora permiten optimizar este proceso al ofrecer análisis detallados de habilidades, recomendaciones personalizadas y evaluación del personal en función de datos históricos y patrones de rendimiento.

Al iniciar la selección del equipo de producción, el productor y el director deben identificar cuáles son los roles clave para la naturaleza específica del proyecto. Dependiendo del tipo de producción —ya sea cine, televisión, publicidad o contenido digital—, los requerimientos varían. Una herramienta poderosa en esta etapa es el uso de plataformas de gestión y análisis de talentos basadas en IA, como StaffMeUp. Estas plataformas permiten a los productores buscar y filtrar profesionales con experiencia en proyectos similares, proporcionando no solo información sobre su disponibilidad y costo, sino también datos analíticos sobre el desempeño en trabajos anteriores. Las IA en estas plataformas pueden analizar una amplia gama de criterios, como los tiempos de entrega, la calidad del trabajo, el feedback de proyectos previos y las habilidades técnicas. Por ejemplo, si buscas a un director de fotografía con experiencia en producciones de ciencia ficción, la IA puede recomendar candidatos que no solo tengan experiencia en el género, sino que también hayan trabajado con equipos de cámaras o tecnologías específicas que vayan a usarse en tu proyecto, como cámaras RED o iluminación LED avanzada.

Una vez que se han identificado los roles clave, es importante seleccionar a los jefes de departamento. Estos líderes no solo gestionarán sus equipos, sino que también serán tus colaboradores más cercanos, asegurando que la visión creativa y los objetivos logísticos del proyecto se mantengan alineados. La IA puede jugar un papel aquí también. Plataformas como GeniusHire utilizan algoritmos para analizar la compatibilidad entre el director y los diferentes jefes de departamento, basándose en su historial de trabajo en equipo, estilos de comunicación y éxito en proyectos anteriores. Esto permite reducir las fricciones en la producción y asegura que el equipo pueda trabajar en armonía desde el primer día.

Una ventaja crucial de estas herramientas impulsadas por IA es su capacidad para hacer sugerencias basadas en patrones emergentes. Por ejemplo, si un diseñador de producción ha tenido éxito trabajando con directores que prefieren un estilo visual minimalista, y tu proyecto tiene una estética similar, la IA puede sugerir que esa persona sería una excelente opción. Del mismo modo, si un editor ha demostrado ser excepcionalmente rápido y preciso en la entrega de proyectos bajo presión, puede ser recomendado para proyectos con plazos ajustados. Estas recomendaciones personalizadas optimizan la selección del personal clave, asegurando que la experiencia y habilidades de cada miembro del equipo estén alineadas con las necesidades específicas del proyecto.

Otro aspecto relevante en la selección del equipo es la diversidad y el equilibrio entre la creatividad y la eficiencia técnica. Los proyectos audiovisuales modernos requieren un equipo que no solo tenga talento artístico, sino que también sea capaz de integrar herramientas tecnológicas, incluidas las IAs que ya están transformando el sector. Por ejemplo, un supervisor de efectos visuales o un diseñador de sonido hoy en día no solo necesita experiencia técnica, sino también un conocimiento profundo de las herramientas impulsadas por IA que pueden automatizar procesos complejos, como la generación de efectos o la mezcla de sonido.

Es importante no subestimar la función de la IA en la selección del equipo de postproducción. Los editores, coloristas y técnicos de sonido también deben ser seleccionados con atención a sus habilidades y experiencia en el uso de las herramientas digitales más avanzadas. En este sentido, la IA puede ofrecer una ventaja adicional al recomendar profesionales que ya estén familiarizados con flujos de trabajo asistidos por IA, como los sistemas de edición basados en reconocimiento automático de imágenes o algoritmos de mejora de sonido. Esto asegura que el equipo pueda trabajar de manera eficiente en el entorno digital que más convenga a la producción.

No contar con alguna de las plataformas mencionadas no debe ser un problema, la selección del equipo de producción y del personal clave también puede ser optimizada significativamente a través de IAs de texto como Claude AI, Meta AI o Copilot que ofrecen una nueva forma de gestionar y organizar el proceso, especialmente cuando se trata de grandes producciones o proyectos donde la colaboración remota es crucial. ChatGPT puede actuar como un asistente virtual capaz de filtrar candidatos, generar descripciones de puestos de trabajo detalladas y ofrecer recomendaciones basadas en las necesidades del proyecto.

Uno de los primeros pasos que puedes dar es utilizar la IA para definir los roles clave en función del tipo de producción. Con una simple indicación, ChatGPT puede generar listas de puestos de trabajo específicos, junto con las habilidades necesarias para cada rol, adaptadas a las características de tu proyecto. Por ejemplo, puedes pedirle que te ayude a crear un perfil detallado para un director de fotografía con experiencia en filmación con cámaras ARRI, o un diseñador de producción con conocimientos en set design futurista. ChatGPT puede incluso ofrecerte recomendaciones sobre qué habilidades técnicas y creativas buscar, basándose en la descripción del guion y los requerimientos visuales.

Además, ChatGPT puede colaborar en la fase de entrevistas y pruebas al sugerir preguntas personalizadas según el perfil del candidato, el tipo de producción y la experiencia previa requerida. Incluso puede simular entrevistas previas para practicar, ayudándote a prever posibles respuestas y a enfocarte en lo realmente importante al momento de seleccionar personal clave. La IA también puede ayudarte a evaluar la compatibilidad de los candidatos con el resto del equipo, basándose en información sobre su historial de trabajo en equipo y estilos de comunicación, proporcionando un enfoque más preciso en la formación de un equipo cohesionado y eficiente.

Una de las capacidades más útiles de IAs de texto como ChatGPT es la posibilidad de procesar hojas de vida en formato PDF y convertir esa información en análisis comparativos y evaluaciones puntuadas. Al recibir múltiples CVs, la IA puede analizar y extraer información clave como la experiencia profesional, habilidades, certificaciones, y proyectos anteriores, lo que permite evaluar rápidamente qué candidatos se ajustan mejor a los requisitos.

Por ejemplo, al cargar varias hojas de vida, ChatGPT podría generar una tabla comparativa que incluya columnas con criterios como "Años de experiencia", "Habilidades en software específico", "Proyectos similares realizados" y "Disponibilidad". Este tipo de tabla permite visualizar de manera clara y rápida las fortalezas de cada candidato, facilitando el proceso de decisión. Si buscas un editor que domine DaVinci Resolve o un diseñador de producción con experiencia en set de ciencia ficción, la IA resaltará a los candidatos con esas competencias, lo que reduce considerablemente el tiempo de selección.

Además, puedes pedirle a la IA que otorgue puntuaciones a los candidatos según diferentes criterios predefinidos, como su nivel de experiencia, compatibilidad con el proyecto o habilidades técnicas específicas. De este modo, ChatGPT te proporciona un ranking automatizado, permitiéndote enfocar tu atención en los perfiles que más se alinean con las necesidades de la producción. Este enfoque no solo optimiza el proceso de selección, sino que también asegura que las decisiones se tomen basadas en datos objetivos y bien estructurados.

Prompt:
Voy a rodar el cortometraje llamado: "La Memoria del Agua" que habla de un mundo donde el agua tiene memoria, ahí una joven llamada Luna descubre que puede escuchar los secretos y recuerdos que flotan en las olas. Con la ayuda de un misterioso anciano que vive en una casa flotante, Luna emprende un viaje para descubrir la verdad sobre su pasado y el misterio que rodea a su familia. A medida que se sumerge en el mundo de la memoria del agua, Luna debe enfrentar sus propios demonios y aprender a dejar ir el pasado para encontrar la paz en el presente.

Quiero que describas el perfil del director de fotografía apropiado para el rodaje y adicionalmente escribas el texto para publicar en redes sociales para encontrarlo.

Respuesta IA:

- Perfil del director de fotografía:

Un director de fotografía que sea capaz de capturar la esencia mágica y emotiva de "La Memoria del Agua". El candidato ideal tendrá:

Experiencia en la creación de atmósferas visuales únicas y evocadoras

Conocimiento profundo de la iluminación y la composición para crear imágenes que evoquen emociones

Capacidad para trabajar en entornos acuáticos y capturar la belleza y el poder del agua

Experiencia en la colaboración con directores y equipos de producción para crear una visión coherente y cohesionada

Pasión por la narrativa y la capacidad de contar historias a través de imágenes

- Publicación en redes sociales:

¡Buscamos un director de fotografía para nuestro próximo cortometraje!

¿Eres un mago de la luz y la sombra? ¿Puedes capturar la esencia de la memoria del agua?

Estamos buscando un director de fotografía que se una a nuestro equipo para crear un mundo visual único y emocionante para nuestro cortometraje "La Memoria del Agua". Si tienes experiencia en la creación de atmósferas visuales únicas y emotivas, y estás dispuesto a sumergirte en el mundo del agua, ¡queremos saber de ti!

Envíanos tu portafolio y una carta de presentación explicando por qué eres el director de fotografía perfecto para nuestro proyecto.

¡No te pierdas la oportunidad de unirte a nuestro equipo y crear algo mágico!

#LaMemoriaDelAgua #DirectorDeFotografía
#Cortometraje #Cine #Agua #Memoria #Magia

Como puedes ver, la selección del equipo de producción y el personal clave es un proceso que esta siendo transformado por la IA, pero que sigue exigiendo una visión clara y estratégica por parte del equipo directivo. Usar herramientas de inteligencia artificial para evaluar las habilidades, el rendimiento y la compatibilidad del equipo permite optimizar el proceso y asegurar que cada miembro contribuye de manera significativa al éxito del proyecto. Sin embargo, no debemos olvidar que en el corazón de cualquier producción sigue estando la colaboración humana y la creatividad compartida, ingredientes esenciales para llevar cualquier proyecto audiovisual a su máxima expresión.

2.14. Presupuesto y contabilidad

Es fácil que pequeños gastos se pasen por alto, lo que a lo largo de la producción puede generar desajustes significativos. La inteligencia artificial permite automatizar el seguimiento de cada transacción y gasto en tiempo real. Al conectar la IA con herramientas financieras y hojas de cálculo, se puede monitorear el flujo de dinero en cada etapa del proyecto, categorizando los gastos y ajustando el presupuesto según los cambios que puedan surgir. De esta manera, siempre tendrás una visión clara y actualizada del estado financiero de la producción, lo que te permitirá tomar decisiones rápidas y acertadas.

La IA puede analizar datos históricos de producciones anteriores y detectar patrones que indican posibles áreas de riesgo financiero, como el alquiler de locaciones que suele exceder el presupuesto o los imprevistos en el equipo técnico. Esta capacidad predictiva te permite anticipar y planificar mejor, asignando fondos a áreas críticas o ajustando los gastos donde sea necesario. Además, herramientas basadas en inteligencia artificial pueden sugerir dónde ahorrar dinero, proponiendo alternativas más rentables sin sacrificar la calidad del proyecto, como el uso de proveedores más económicos o la redistribución del equipo en diferentes fases de la producción.

La IA también es extremadamente útil en la fase de reportes y auditoría. En lugar de depender únicamente de los métodos tradicionales de control contable, una IA puede generar informes automáticos detallados sobre el estado financiero de la producción, comparando los gastos proyectados con los reales y señalando cualquier discrepancia. Esto permite que la contabilidad sea mucho más precisa, minimizando el riesgo humano. Además, la inteligencia artificial puede hacer recomendaciones específicas para optimizar la distribución de los recursos, ayudándote a gestionar el capital de manera más efectiva, manteniendo siempre el control sobre el flujo de caja y los márgenes de ganancia esperados.

Una función especialmente útil es la capacidad de automatizar tareas repetitivas y manuales, como la introducción de datos o la conciliación de cuentas. Al integrar la IA en la hoja de cálculo o software financiero, puedes automatizar la entrada de datos contables y tener una visión más clara y precisa de los balances diarios o semanales sin tener que dedicar horas al trabajo manual. Un prompt efectivo para este tipo de función podría ser:

Prompt:
Quiero crear un GPT personalizado para que a partir de una foto que le tomaré a las facturas de los gastos diarios de mi producción audiovisual, las analice y las introduzca dentro de un sistema contable en Google Drive, qué debo hacer?

Respuesta IA:

Para crear un sistema que analice fotos de facturas y las introduzca en un sistema contable en Google Drive, puedes seguir estos pasos:

1. Definir los Requisitos del Proyecto
   - Tipo de Facturas: Determina qué tipo de facturas analizarás (formato, contenido, etc.).
   - Datos a Extraer: Especifica qué datos necesitas extraer (fecha, monto, descripción, proveedor, etc.).

2. Captura de Imágenes
   - Usa una aplicación móvil para tomar fotos de las facturas. Asegúrate de que la iluminación y el enfoque sean buenos para facilitar el análisis.

3. OCR (Reconocimiento Óptico de Caracteres)
   - Utiliza una biblioteca de OCR como Tesseract.js o servicios como Google Cloud Vision API para extraer texto de las imágenes de las facturas.
   - Si optas por Tesseract, asegúrate de integrarlo en tu proyecto JavaScript. Para Google Cloud Vision, necesitarás crear una cuenta y obtener una clave API.

4. Procesamiento de Texto
   - Una vez que extraigas el texto, puedes usar un modelo de lenguaje (como OpenAI GPT) para procesar y estructurar la información.
   - Puedes crear un script que limpie y organice los datos extraídos.

5. Integración con Google Drive
- Usa la Google Drive API para introducir los datos extraídos en un sistema contable en Google Drive.
- Deberás configurar un proyecto en Google Cloud Console y habilitar la API de Google Drive. Genera las credenciales necesarias (clave API o OAuth 2.0).

6. Crear el Sistema Contable
- Decide si usarás una hoja de cálculo de Google Sheets o un sistema contable más complejo.
- Si usas Google Sheets, puedes utilizar la API para agregar datos a la hoja.

7. Desarrollo y Pruebas
- Desarrolla el script o aplicación que combinará todas estas partes: toma de fotos, análisis de imágenes, procesamiento de texto y carga en Google Drive.
- Realiza pruebas con facturas reales para asegurarte de que el sistema funcione correctamente.

8. Automatización (Opcional)
- Considera implementar un flujo de trabajo que permita que este proceso se ejecute automáticamente, como un script en Python o JavaScript que se ejecute en intervalos regulares.

Ejemplo de Flujo de Trabajo:
1. Toma de foto de la factura.
2. Sube la imagen a una carpeta específica en Google Drive.

3. Dispara un script (puede ser un webhook) que analiza la imagen.
4. Extrae los datos usando OCR.
5. Organiza y procesa los datos con un modelo de lenguaje.
6. Carga los datos en Google Sheets o un sistema contable.

Con estos pasos y herramientas, podrás crear un sistema efectivo para gestionar los gastos de tu producción audiovisual. Si necesitas ayuda en alguna etapa específica, ¡dímelo!

Se espera que las herramientas de gestión financiera se vuelvan aún más precisas y personalizables, permitiendo una planificación y seguimiento financiero en tiempo real. Esta evolución permitirá a los productores no solo gestionar mejor los recursos, sino también optimizar la rentabilidad de los proyectos. La tecnología puede ayudarte a organizar y administrar mejor el presupuesto, pero tu capacidad para adaptarte a los imprevistos y tomar decisiones estratégicas es lo que garantizará el éxito económico de la producción. Al integrar inteligencia artificial en la gestión del presupuesto y la contabilidad, no solo simplificarás procesos complejos, sino que también abrirás la puerta a una administración financiera mucho más eficiente, precisa y proactiva, permitiendo que los recursos se utilicen de la manera más inteligente posible en cada fase del proyecto.

2.15. Financiando tu producción

Conseguir financiación para un proyecto audiovisual puede ser uno de los mayores desafíos que enfrenten los creadores, independientemente del tamaño o alcance de su producción. Ya sea un cortometraje, una serie o contenido para redes sociales, el financiamiento es crucial para convertir ideas en realidades tangibles. Este capítulo explorará múltiples estrategias para conseguir presupuesto, aprovechando el potencial de la inteligencia artificial (IA) para optimizar estos procesos y abrir nuevas oportunidades.

Una de las primeras maneras de buscar financiación es a través de plataformas de crowdfunding, donde los creadores pueden presentar su proyecto a una audiencia global. Aquí, la IA puede ser un aliado invaluable. Por ejemplo, al utilizar herramientas de análisis de datos, puedes identificar qué tipo de contenido atrae a los patrocinadores en plataformas como Kickstarter o Indiegogo. Las IA generativas también pueden ayudarte a crear materiales de presentación más impactantes, como videos de lanzamiento y descripciones persuasivas. Así, podrás captar la atención de potenciales inversores y construir una comunidad en torno a tu proyecto desde el principio.

Otro enfoque innovador es la búsqueda de patrocinadores corporativos. Las empresas a menudo buscan asociarse con producciones que se alineen con su imagen de marca. Utilizando IA, puedes analizar datos de mercado y tendencias de consumo para identificar empresas que podrían estar interesadas en tu proyecto. Herramientas de análisis de redes sociales te permitirán estudiar qué tipo de contenido ha resonado con el público de esas marcas, lo que a su vez te ayudará a diseñar una propuesta atractiva y personalizada. Un enfoque bien fundamentado puede abrir puertas a colaboraciones estratégicas que ofrezcan no solo financiación, sino también recursos adicionales como marketing y promoción.

Además, las subvenciones son una fuente valiosa de financiación que muchos creadores pasan por alto. Muchas organizaciones y fundaciones ofrecen fondos para proyectos audiovisuales, y aquí la IA puede hacer una gran diferencia. Existen herramientas que analizan bases de datos de subvenciones y pueden ayudarte a identificar las oportunidades que mejor se alineen con tu proyecto. Una vez que encuentres posibles subvenciones, la IA puede asistirte en la redacción de propuestas, optimizando el contenido para resaltar los aspectos que más interesan a los financiadores, como la relevancia social del proyecto o su innovación técnica.

Las plataformas de inversión en medios también se están volviendo cada vez más populares, donde los creadores pueden presentar su proyecto a inversores que buscan oportunidades en el ámbito audiovisual. Herramientas de IA te permitirán optimizar tu presentación, ayudándote a estructurar tu propuesta de manera que se resalten los aspectos financieros y creativos que más importan a los inversores. Esto incluye el análisis de riesgo y retorno potencial, permitiéndote construir un argumento sólido para persuadir a los financiadores.

Otra estrategia efectiva es la creación de un "pitch deck" dinámico, una presentación visual que resuma tu proyecto de manera atractiva. Utilizando IA generativa, puedes crear visuales impactantes y animaciones que hagan que tu propuesta destaque en la mente de los inversores. Además, al emplear herramientas de análisis de texto, podrás ajustar el lenguaje y el tono de tu presentación para resonar con tu audiencia específica, maximizando tus posibilidades de éxito. Para aquellos que buscan financiamiento a través de la venta anticipada de derechos de distribución, la IA puede facilitar la identificación de mercados potenciales y plataformas donde tu contenido podría tener mejor recepción. Esto puede incluir la utilización de análisis de tendencias para comprender qué tipos de historias son más populares en diferentes regiones o plataformas, lo que te permitirá ajustar tu enfoque y maximizar tus ingresos potenciales.

Voy a producir un cortometraje 'El Último Susurro', que aborda la intersección entre la tecnología y las emociones humanas. Tu objetivo es estructurar una presentación de este proyecto para inversores potenciales y así asegurar financiación. Sigue estos pasos:

Resumen del Proyecto:
Crea una diapositiva de apertura que incluya el título, el logotipo y una breve sinopsis del cortometraje.

Análisis del Mercado:
Investiga y presenta datos sobre la audiencia objetivo y las tendencias en la producción audiovisual. Utiliza gráficos generados por IA.

Equipo Creativo:
Dedica una diapositiva a presentar al equipo detrás del proyecto, incluyendo tu experiencia y la de los colaboradores clave.

Proyección de Retorno:
Incluye una diapositiva que detalle las proyecciones de retorno de inversión (ROI) basadas en datos de mercado.

Call to Action:
Termina con una diapositiva que resuma la cantidad de financiación que estás buscando y cómo se utilizarán esos fondos. Presenta esta información de manera clara y persuasiva, utilizando IA para mejorar la redacción.

Plataformas como LinkedIn ofrecen oportunidades valiosas para conectar con inversores, productores y otros creadores. Herramientas de IA pueden ayudarte a analizar tu red de contactos y a identificar conexiones estratégicas que podrían llevarte a fuentes de financiación. Además, los algoritmos de recomendación de estas plataformas pueden sugerirte eventos o grupos donde podrás conocer a personas influyentes en la industria.

Prompt: En un set de película clásica de Hollywood ambientado en el Lejano Oeste, con una calle polvorienta alineada con fachadas de edificios de madera, hay equipos de filmación modernos esparcidos por la escena. Enormes pantallas futuristas se elevan detrás de las fachadas de madera, proyectando fondos ultra-modernos. Los actores, mitad humanos y mitad hologramas robóticos, caminan por el set. La mezcla de diseño de set vintage de Hollywood con tecnología futurista de filmación, incluyendo cámaras y equipos de iluminación modernos, simboliza la fusión entre el pasado y el futuro en la producción audiovisual.

Escena 3: Luces, Cámaras IA-cción!

3.1. Rodaje y captura de imágenes

El rodaje y la captura de imágenes constituyen el núcleo creativo y técnico de cualquier producción audiovisual. Es el momento en que la visión artística del director, junto al esfuerzo coordinado del equipo, se cristaliza en imágenes que narran una historia. Con la llegada de la inteligencia artificial (IA), esta etapa clave del proceso está experimentando una transformación que no solo optimiza los aspectos técnicos, sino también eleva la calidad creativa. En una producción moderna, la IA se puede integrar de forma estratégica para hacer del rodaje una fase más eficiente, precisa y enriquecedora, sin perder de vista que la esencia de toda producción reside en la visión humana.

Desde el inicio del rodaje, la IA actúa como una gran aliada para ajustar las cámaras en tiempo real, considerando factores como las condiciones de luz, el encuadre y los movimientos en escena. Herramientas avanzadas de IA permiten que las cámaras adapten automáticamente la exposición, el enfoque y los parámetros de color, optimizando cada toma y reduciendo al mínimo la intervención manual constante. Por ejemplo, imagina rodar una secuencia de acción donde los actores se desplazan rápidamente en un entorno con iluminación cambiante. Una cámara equipada con IA puede anticipar estos movimientos, ajustando el enfoque dinámicamente para seguir a los sujetos, asegurando tomas claras y nítidas, incluso en escenas caóticas. Esta automatización no solo ahorra tiempo, sino que también garantiza una calidad constante a lo largo del día de rodaje, reduciendo la necesidad de repetir tomas debido a fallos técnicos.

La IA también desempeña un papel crucial en la planificación y ejecución de los movimientos de cámara. Sistemas de estabilización y drones con IA pueden calcular trayectorias precisas y fluidas para seguir a los actores o capturar imágenes en espacios difíciles de acceder. Esto resulta especialmente útil en tomas complejas que normalmente requieren grúas, dollys o drones. Por ejemplo, en escenas aéreas, la IA puede ajustar automáticamente la altura y velocidad del dron en función del movimiento de los actores o vehículos en tierra, asegurando una toma coherente y perfectamente centrada sin necesidad de múltiples ajustes manuales. Durante el rodaje, la IA facilita además la revisión y selección de las tomas. Herramientas de análisis basadas en IA permiten revisar el material en tiempo real, comparando cada toma con las anteriores para asegurar la continuidad visual, un aspecto crucial en cualquier producción audiovisual. En lugar de esperar a la postproducción para descubrir errores que podrían requerir costosas repeticiones, la IA permite corregirlos al instante, ahorrando tiempo y recursos.

El impacto operativo y económico de la IA en el rodaje es significativo. Al reducir los errores humanos y minimizar la repetición de tomas, el equipo de producción puede completar el trabajo de manera más eficiente y rentable. Esto es particularmente importante en producciones con un calendario ajustado o en locaciones difíciles de acceder, donde cada toma cuenta. La capacidad de capturar imágenes de alta calidad sin depender de ajustes manuales constantes es un activo invaluable, especialmente en exteriores donde las condiciones de luz o clima pueden cambiar rápidamente. Gracias a la IA, las cámaras se adaptan de inmediato a estos cambios, maximizando el aprovechamiento del tiempo disponible.

Desde una perspectiva creativa, la IA abre nuevas posibilidades para los cineastas. Herramientas que permiten simulaciones de tomas o previsualizaciones en tiempo real facilitan la toma de decisiones informadas sobre la composición, el uso de la iluminación o los movimientos de cámara. No solo ahorran tiempo, sino que otorgan a los creadores un mayor control sobre el resultado final de sus producciones. Imagina un futuro en el que la IA no solo ajuste la cámara de forma automática, sino que también sugiera composiciones y movimientos basados en la estética deseada, ofreciendo alternativas creativas que enriquezcan la narrativa visual de la escena.

A medida que estas tecnologías continúan evolucionando, es probable que veamos una mayor integración de herramientas que no solo automatizan tareas, sino que también brindan asistencia creativa directa. El rodaje del futuro podría incluir cámaras y sistemas de captura capaces de sugerir mejoras en tiempo real, no solo desde una perspectiva técnica, sino también narrativa. La clave será siempre mantener un equilibrio entre la eficiencia técnica que ofrece la IA y la creatividad humana, que sigue siendo el corazón de toda producción audiovisual. Aunque la IA es una herramienta poderosa, el control final permanecerá en manos de los creadores, quienes la utilizarán para liberar tiempo y energía en lo que verdaderamente importa: contar historias que conecten con el público.

3.2. Selección de equipos de grabación

Imagina contar con un asistente virtual capaz de analizar tu guion, comprender la visión artística de tu proyecto y sugerir el equipo de grabación ideal para cada escena. Esto ya no es una fantasía futurista, sino una realidad tangible gracias a los avances en inteligencia artificial (IA). Los sistemas de aprendizaje profundo ahora pueden procesar enormes cantidades de información sobre especificaciones técnicas, condiciones de rodaje y estilos visuales, para ofrecer recomendaciones personalizadas que se ajusten a tus necesidades creativas y presupuestarias. La evolución en este campo ha sido vertiginosa. Hace apenas una década, la selección de equipos dependía casi exclusivamente de la experiencia del director de fotografía y el productor. Hoy, herramientas de IA como LensFinder están revolucionando este proceso. Estas plataformas no solo comparan especificaciones técnicas, sino que también analizan el tono emocional de tu guion y el estilo visual que deseas lograr, sugiriendo combinaciones de cámaras, lentes y accesorios que mejor se adapten a tu visión creativa.

El impacto económico y operativo de estas herramientas es significativo. Al optimizar la selección de equipos, se reduce el tiempo dedicado a pruebas y se minimiza el riesgo de errores costosos durante la producción. Imagina poder visualizar cómo se verá tu película con diferentes configuraciones de cámara antes de alquilar el equipo. Esto no solo ahorra tiempo y dinero, sino que también permite una mayor experimentación creativa sin los riesgos tradicionalmente asociados a estas decisiones.

Para ilustrar mejor cómo puedes beneficiarte de estas herramientas, consideremos el caso de un director independiente trabajando en un cortometraje de bajo presupuesto. Utilizando una plataforma como AIGearPro, podrías ingresar detalles sobre tu proyecto, como el género, las locaciones principales, el presupuesto disponible y tus referencias visuales. La IA analizaría estos datos y te proporcionaría una lista curada de equipos que no solo se ajustan a tu presupuesto, sino que también son capaces de lograr el look que buscas.

Supongamos que quieres previsualizar en una IA de imágenes las diferencias entre varios lentes y planos una escena puntual de tu película, veamos un ejemplo:

"Genera una serie de 5 imágenes que muestren diferentes configuraciones de cámara para una escena de una película. La escena es la siguiente: una joven llamada Luna se encuentra en una playa desierta al atardecer, mirando hacia el mar. La cámara debe capturar su figura solitaria en el paisaje.

Las 5 configuraciones de cámara que quiero ver son:

1. Cámara en primer plano, con un objetivo de 50mm, enfocada en el rostro de Luna.
2. Cámara en plano medio, con un objetivo de 24mm, mostrando a Luna de cintura para arriba, con el mar al fondo.
3. Cámara en plano general, con un objetivo de 14mm, mostrando a Luna en el centro de la imagen, con la playa y el mar extendiéndose hacia el horizonte.
4. Cámara en ángulo bajo, con un objetivo de 35mm, mirando hacia arriba hacia Luna, con el cielo nublado al fondo.
5. Cámara en movimiento, con un objetivo de 70mm, siguiendo a Luna mientras camina hacia el mar, con la cámara moviéndose en paralelo a ella.

Por favor, genera imágenes que muestren cómo se vería cada configuración de cámara en la escena descrita. Utiliza un estilo visual que recuerde a una película de arte independiente, con colores desaturados y una iluminación suave."

Estilo de imagen:

Resolución: 1080p
Formato: 2.39:1
Colores: Desaturados, con un enfoque en tonos azules y grises
Iluminación: Suave, con un enfoque en la luz natural del atardecer
Texturas: Detalles sutiles en la ropa y la piel de Luna, con un enfoque en la textura de la arena y el mar

Las imágenes resultantes te brindarán una idea global de cómo se verá tu escena y facilitarán la selección del equipo adecuado para tu producción. La verdadera magia ocurre cuando combinas la eficiencia de la inteligencia artificial (IA) con tu instinto creativo. Utiliza estas sugerencias como punto de partida para tu exploración, siempre priorizando tu visión artística. Con todo esto, podemos anticipar sistemas de IA aún más sofisticados que no solo recomendarán equipos, sino que también simularán con precisión cómo se verán tus tomas en diferentes condiciones. Imagina poder "probar" virtualmente diferentes configuraciones de cámara y lentes en locaciones en 3D basadas en tu guion, todo antes de poner un pie en el set.

Además, la IA puede recomendar configuraciones óptimas de equipo según el tipo de contenido que deseas crear. Por ejemplo, si un influencer está filmando un tutorial de maquillaje, la IA puede sugerir luces específicas que resalten los detalles de la piel o cámaras con excelentes capacidades de enfoque automático para primeros planos. Esto permite a los creadores de contenido enfocarse más en la parte creativa, mientras que las herramientas optimizan la parte técnica.

La revolución de la IA en la selección de equipos de grabación es solo el comienzo. A medida que estas tecnologías continúen evolucionando, surgirán nuevas formas de potenciar nuestra creatividad y eficiencia. Mantén tu mente abierta, experimenta con estas herramientas y, sobre todo, nunca pierdas de vista que la verdadera magia del cine reside en la visión única que tú, como creador, aportas al mundo.

3.3. Iluminación y cámaras al detalle

La planificación de la iluminación y la configuración de cámaras influye directamente en la calidad visual y el impacto emocional de una narrativa. La correcta manipulación de la luz puede transformar completamente la atmósfera de una escena, mientras que una adecuada configuración de las cámaras garantiza que cada toma se realice de manera precisa y efectiva. Al integrar la inteligencia artificial (IA) en la planificación de la iluminación, puedes analizar diferentes condiciones de luz y cómo estas afectan la estética de la producción. Por ejemplo, algunas herramientas de IA permiten simular cómo distintas configuraciones de luz interactúan con los elementos de la escena antes de que se inicie la filmación. Esto incluye la posibilidad de visualizar cómo variarán las sombras y los reflejos en función de la posición de las fuentes de luz. Mediante este análisis, puedes tomar decisiones más informadas sobre qué tipos de luces utilizar, sus intensidades y colocaciones, asegurando que la iluminación realce la narrativa en lugar de distraerla.

Durante el proceso de rodaje, la inteligencia artificial puede seguir desempeñando un papel vital. Algunas herramientas permiten realizar ajustes en tiempo real, adaptando la iluminación según las condiciones cambiantes, como variaciones en la luz natural. Por ejemplo, si el sol se oculta tras una nube y afecta la iluminación de una escena, la IA puede notificarte y sugerir ajustes para mantener la continuidad visual. Además, los sistemas de seguimiento pueden monitorizar la configuración de cámaras y realizar ajustes automáticos, asegurando que cada toma se mantenga coherente con el estilo visual establecido. Para integrar la IA de manera efectiva en tu proceso de planificación de iluminación y configuración de cámaras, podrías utilizar herramientas que te permitan crear simulaciones visuales de cada escena. Al ingresar los detalles de iluminación y configuración de cámara, la IA podría generar una representación visual que te ayude a anticipar cómo se verá la escena final. Un prompt útil podría ser: "Genera una simulación de iluminación para la escena 3 en el set exterior, considerando la hora del día y la atmósfera deseada".

Es fundamental recordar que, aunque la inteligencia artificial puede ser una herramienta poderosa, la creatividad y la visión del director de fotografía y del equipo de producción siguen siendo esenciales. La IA puede facilitar la ejecución de las ideas, pero las decisiones finales sobre cómo se ilumina y se captura cada escena dependerán de la experiencia y la intuición humanas. Al combinar la tecnología con la creatividad, podrás llevar tu producción audiovisual a nuevas alturas, asegurando que cada toma sea verdaderamente impactante y memorable.

3.4. Selección de equipos de sonido

La calidad del sonido es tan crucial como la imagen misma. La selección adecuada del equipo de sonido y los micrófonos puede marcar la diferencia entre una producción profesional y una que se perciba amateur, independientemente de lo espectacular que sea la cinematografía. Hoy en día, la inteligencia artificial ha llegado para ofrecer nuevas posibilidades en este proceso, ayudando a mejorar tanto la eficiencia como los resultados. Al integrar la IA en la selección de equipos, puedes asegurarte de elegir la tecnología más adecuada para cada proyecto, con mayor precisión y rapidez.

La IA, aplicada al análisis del entorno de grabación, permite realizar simulaciones avanzadas que predicen cómo sonará el audio con diferentes configuraciones de micrófonos y equipos. Por ejemplo, en la grabación de exteriores, donde el viento, el ruido ambiente y otros factores externos pueden influir en la calidad del sonido, las herramientas de IA pueden analizar las condiciones y sugerir los mejores dispositivos para mitigar esos problemas. Esta capacidad de análisis en tiempo real te ofrece una ventaja significativa, permitiéndote tomar decisiones informadas rápidamente y adaptarte a condiciones cambiantes.

El impacto económico y operativo de este uso de la IA es evidente. Al reducir la necesidad de pruebas extensivas y de costosos errores en la selección de equipo, puedes optimizar los recursos disponibles. En lugar de alquilar o comprar equipos basados únicamente en recomendaciones generales, puedes elegir los que se adapten específicamente a tus necesidades, lo que reduce costos y tiempos de ajuste en el set. Además, algunas plataformas basadas en IA pueden ofrecerte comparativas entre marcas y modelos, destacando sus puntos fuertes y débiles según las especificaciones técnicas y el tipo de grabación que vas a realizar, lo que facilita aún más la decisión.

Un claro ejemplo de cómo la IA está cambiando la selección de equipo de sonido lo encontramos en Soundly o Accusonus, herramientas que ya permiten a los diseñadores de sonido experimentar con diferentes configuraciones virtuales de micrófonos antes de invertir en ellos. Estas plataformas no solo ofrecen un análisis detallado de las capacidades del equipo, sino que también simulan cómo capturarían el sonido en diversos entornos. De esta manera, puedes hacer pruebas en un entorno controlado y virtual antes de llegar al set, ahorrando tiempo y aumentando la precisión de tu elección.

Si estás por grabar en un espacio con mucha reverberación, podrías utilizar una herramienta de IA para hacer una simulación acústica del lugar. Un prompt adecuado sería: "Simula las condiciones acústicas de un espacio de 30 metros cuadrados con paredes de cemento y sugiere los micrófonos más eficientes para capturar diálogos claros." Con esta información, la IA te proporcionará opciones optimizadas para garantizar que la captura del audio sea lo más limpia posible, sugiriendo micrófonos con patrones polares o características que minimicen el eco.

Prompt:
Simula las condiciones acústicas de un espacio de 30 metros cuadrados con paredes de cemento y sugiere los micrófonos más eficientes para capturar diálogos claros

Respuesta IA: Simular las condiciones acústicas de un espacio de 30 metros cuadrados con paredes de cemento implica considerar varios factores que afectan la calidad del sonido, como la reverberación, la absorción y la reflexión del sonido. A continuación, te presento una simulación y algunas sugerencias de micrófonos adecuados para capturar diálogos claros en ese entorno.

Simulación de las condiciones acústicas:

Espacio: 30 metros cuadrados (aproximadamente 5,5 metros de largo x 5,5 metros de ancho)
Paredes: Cemento (material reflectante)
Techo: No especificado, pero asumiremos un techo de hormigón o cemento (material reflectante)
Piso: No especificado, pero asumiremos un piso de cemento o baldosas (material reflectante)
Mobiliario: No especificado, pero asumiremos que hay algunos objetos en el espacio que pue-

den absorber o reflexionar el sonido (como si-
llas, mesas, etc.)

En este entorno, podemos esperar una alta reverberación debido a las paredes y el techo de
cemento, que reflejarán el sonido en lugar de
absorberlo. Esto puede causar que los diálogos
suenen confusos y difíciles de entender.

Análisis de la frecuencia:

La frecuencia del sonido humano se encuentra
principalmente en el rango de 100 Hz a 8 kHz.
En un espacio con paredes de cemento, las frecuencias bajas (por debajo de 200 Hz) pueden
ser particularmente problemáticas, ya que tien-
den a reverberar más que las frecuencias altas.

Sugerencias de micrófonos:

Para capturar diálogos claros en este entorno, te
sugiero utilizar micrófonos que tengan las siguientes características:

1. Direccionalidad: Un micrófono direccional
puede ayudar a reducir la captura de sonidos
indeseados y a enfocarse en la fuente de sonido
principal (el diálogo).
2. Frecuencia de respuesta plana: Un micrófono
con una frecuencia de respuesta plana puede
ayudar a capturar el sonido de manera más
precisa y sin distorsiones.
3. Baja sensibilidad a la reverberación: Un micrófono que sea menos sensible a la reverberación puede ayudar a reducir el efecto de las paredes y el techo reflectantes.

Con estas características en mente, te sugiero considerar los siguientes micrófonos:

1. Sennheiser MKH 416: Un micrófono de condensador unidireccional con una frecuencia de respuesta plana y baja sensibilidad a la reverberación.
2. Shure SM7B: Un micrófono dinámico unidireccional con una frecuencia de respuesta plana y baja sensibilidad a la reverberación.
3. Rode NTG3: Un micrófono de condensador unidireccional con una frecuencia de respuesta plana y baja sensibilidad a la reverberación.
4. AKG C414 XLII: Un micrófono de condensador unidireccional con una frecuencia de respuesta plana y baja sensibilidad a la reverberación.

Técnicas de grabación

Para obtener los mejores resultados, te sugiero utilizar las siguientes técnicas de grabación:

1. Colocación del micrófono: Coloca el micrófono a una distancia de 30-60 cm del actor, apuntando hacia su boca.
2. Orientación del micrófono: Orienta el micrófono de manera que esté perpendicular a la fuente de sonido (el actor).
3. Uso de un reflejo: Utiliza un reflejo (como un panel de absorción o un reflejo de sonido) para reducir la reverberación y mejorar la calidad del sonido.

4. Monitoreo en vivo: Monitorea el sonido en vivo para asegurarte de que estás capturando el diálogo de manera clara y sin distorsiones.

Recuerda que la calidad del sonido también depende de la habilidad del actor, la dirección de la escena y la postproducción del sonido.

En un futuro cercano, la IA no solo podrá analizar los entornos acústicos, sino también adaptarse dinámicamente a ellos en tiempo real. Imagina un micrófono inteligente que ajuste sus configuraciones automáticamente durante una grabación, dependiendo de los cambios en la acústica o el ruido ambiente. Estas innovaciones, que ya comienzan a desarrollarse, prometen revolucionar la forma en que seleccionamos y utilizamos los equipos de sonido, permitiéndonos concentrarnos aún más en la creatividad mientras la tecnología se encarga de los detalles técnicos.

Sin embargo, como en todo lo relacionado con la inteligencia artificial, es esencial recordar que la tecnología está al servicio de la creatividad, no al revés. La IA puede sugerir el equipo adecuado, pero eres tú quien decide cómo usarlo para lograr el sonido perfecto que complementará tu narrativa. La clave está en saber equilibrar el conocimiento técnico con tu visión creativa para asegurarte de que el resultado final sea algo que trascienda lo puramente técnico y conecte de manera profunda con la audiencia. Recuerda que el verdadero valor del sonido en una producción audiovisual está en su capacidad para emocionar, contar una historia y envolver al espectador en una experiencia inmersiva. La IA puede ayudarte a elegir el mejor equipo, pero siempre será tu sensibilidad artística la que decida cómo utilizar esos recursos para llevar tu proyecto al siguiente nivel.

3.5. La dirección de arte

La selección y creación de vestuarios, maquillaje y peinados para los actores es una de las tareas más delicadas y creativas dentro de una producción audiovisual, ya que estos elementos no solo ayudan a definir a los personajes, sino que también contribuyen a la narrativa visual de la historia. Cada detalle, desde el estilo del vestuario hasta la elección del maquillaje y peinado, puede influir en cómo el público percibe a los personajes y su evolución dentro de la trama. La inteligencia artificial se ha convertido en una aliada clave para los diseñadores y estilistas, permitiéndoles optimizar su flujo de trabajo y elevar su creatividad a nuevos niveles.

El proceso de creación del vestuario es esencial para que los actores se sientan inmersos en sus personajes, y la IA puede ayudar a mejorar esta etapa mediante la automatización de tareas repetitivas y la generación de ideas visuales. Herramientas basadas en IA permiten analizar las características del personaje (su historia, personalidad y el contexto histórico o social en el que se desarrolla) y generar recomendaciones de vestuario que se alineen con esos elementos. Por ejemplo, un software podría sugerir estilos, texturas y colores que refuercen la identidad del personaje, y ayudar a visualizar diferentes opciones antes de que el vestuario sea confeccionado.

Prompt :

Estoy produciéndoselas un cortometraje sobre Luna, una valiente mujer que a pesar de los duros golpes que le ha dado la vida, ella sigue siempre adelante hasta lograr sus metas. La historia se desarrolla en una pequeña ciudad costera en la década de 1920. Luna es una joven poeta que se siente atraída por la naturaleza y la magia Quiero que construyas el plan de arte en términos de vestuario, maquillaje y peinados para Luna, donde reflejen su personalidad y estilo. Su perfil:

Nombre: Luna
Edad: 25 años
Género: Femenino
Personalidad: Luna es una joven introvertida y soñadora que ha crecido en una pequeña ciudad costera. Es una persona creativa y sensible que se siente atraída por la naturaleza y la poesía. A pesar de su apariencia delicada, Luna tiene una gran fuerza interior y una determinación que la lleva a perseguir sus sueños.

Requisitos:
Vestuario: Luna debe llevar ropa de época, con un enfoque en telas ligeras y fluidas que reflejen su conexión con la naturaleza. Considera incluir elementos como encaje, flores y otros motivos naturales.
Maquillaje: Luna debe tener un look natural y sutil, con un enfoque en tonos pastel y colores suaves. Considera incluir un toque de maquillaje en los ojos para darle un aspecto soñador.
Peinados: Luna debe tener un peinado que refleje su personalidad y estilo. Considera incluir elementos como rizos suaves, flores en el cabello y otros accesorios que complementen su vestuario.

Estilo de referencia:
La obra de los hermanos Lumière
La moda de la década de 1920
La poesía de Sylvia Plath

Formato de entrega:

3 imágenes de vestuario diferentes para Luna, cada una con un look completo (ropa, accesorios, maquillaje y peinado)
1 imagen de maquillaje detallada, que muestre el look de maquillaje de Luna de cerca
1 imagen de peinado detallada, que muestre el peinado de Luna de cerca

Nota:
Por favor, asegúrate de que las imágenes sean coherentes en términos de estilo y calidad.
Si es posible, incluye una versión de la imagen con una marca de agua o un logotipo para identificar la fuente de la imagen."

Respuesta IA:

Vestuario:

Imagen 1: Luna viste un vestido de encaje blanco con flores de seda en el cuello y una falda larga que se mueve con la brisa. Lleva un par de zapatos de tacón bajo y un sombrero de paja con una cinta de seda.

Imagen 2: Luna viste un traje de lino beige con un cinturón de cuero y un sombrero de fieltro. Lleva un par de zapatos de cuero marrón y un bolso de lona.

Imagen 3: Luna viste un vestido de seda azul claro con un cinturón de encaje y un par de zapatos de tacón alto. Lleva un sombrero de seda con una cinta de encaje.

Maquillaje:

Imagen: Luna tiene un look de maquillaje natural y sutil, con un toque de color en los ojos. Su piel tiene un tono suave y luminoso, y sus labios están pintados de un color rosa pálido.

Peinado:

Imagen: Luna tiene un peinado con rizos suaves y flores en el cabello. Su cabello es largo y ondulado, y cae en suaves olas sobre sus hombros.

Estilo:

El estilo de las imágenes es coherente con la época y el lugar en que se desarrolla la historia. Las telas y los accesorios son ligeras y fluidas, y reflejan la conexión de Luna con la naturaleza. El maquillaje y el peinado son naturales y sutiles, y complementan el vestuario de Luna.

Además, la IA puede recopilar referencias de tendencias de moda pasadas y presentes, facilitando el diseño de vestuarios que respeten un contexto histórico o que proyecten una estética futurista si es necesario. Esto no solo ahorra tiempo en la fase de investigación, sino que también permite una exploración más amplia y variada de estilos que el diseñador de vestuario puede adaptar o modificar según la visión del director. Imagina poder describir a la IA el perfil de un personaje y que esta te devuelva una serie de bocetos o propuestas estilísticas personalizadas que podrían luego ajustarse a la realidad del set de filmación; te invito a que hagas las pruebas en tu IA generadora de imágenes favorita.

El maquillaje y los peinados también son aspectos que la inteligencia artificial puede optimizar. Mediante el uso de software que analiza los rasgos faciales de los actores, la IA puede sugerir estilos de maquillaje que realcen o transformen su apariencia según las necesidades del personaje. Esto es particularmente útil cuando se trata de producciones que requieren transformaciones físicas drásticas, como en el caso de personajes de fantasía o ciencia ficción, donde el maquillaje juega un papel fundamental en la creación de criaturas o personajes que no existen en el mundo real.

En cuanto a los peinados, la IA puede generar visualizaciones en 3D que permitan al equipo de estilistas ver cómo se vería un actor con diferentes estilos de cabello antes de realizar cualquier cambio físico. Esta capacidad de visualización ayuda a los estilistas a tomar decisiones más informadas y a experimentar con opciones que quizás no habrían considerado de otra manera. Además, puede facilitar el proceso de pruebas, minimizando el tiempo necesario para ajustar o modificar el look de un actor antes de una escena importante.

En el día a día de la producción, la inteligencia artificial también puede automatizar la gestión del inventario de vestuarios y materiales de maquillaje, asegurando que siempre haya suficiente stock y permitiendo una organización más eficiente. Por ejemplo, puede realizar un seguimiento en tiempo real de los elementos que han sido utilizados y aquellos que necesitan ser reemplazados, notificando al equipo de producción con suficiente antelación para evitar contratiempos. Asimismo, la IA puede ayudarte a generar listas de compra basadas en las necesidades específicas de la producción, optimizando el presupuesto y reduciendo desperdicios.

Puedes crear una biblioteca digital de vestuarios y maquillajes utilizados en escenas anteriores y administrarla con la asistencia de la IA; esto te permite mantener la continuidad visual en producciones largas. Esta tecnología puede generar recordatorios automáticos sobre el vestuario exacto o los productos de maquillaje utilizados en cada escena, evitando errores de continuidad que pueden romper la coherencia visual del proyecto.

Las posibilidades de la IA en el diseño de vestuario, maquillaje y peinados seguirán expandiéndose, incorporando tecnologías de realidad aumentada y simulación virtual para probar diferentes estilos en tiempo real sobre los actores. Esto permitirá un nivel de experimentación aún más avanzado, donde los diseñadores podrán trabajar de manera colaborativa con la IA para crear looks únicos que amplifiquen el impacto visual y narrativo de la producción. Pero recuerda que, aunque la IA facilita enormemente la fase de diseño y planificación, la interpretación humana sigue siendo clave. Los diseñadores de vestuario y estilistas son quienes, finalmente, aplican su creatividad y sensibilidad artística para convertir las recomendaciones de la IA en creaciones tangibles que reflejen la profundidad y personalidad de los personajes.

3.6. Produciendo clips con IA

La generación de videos con inteligencia artificial está revolucionando la forma en que los profesionales del audiovisual abordan la creación de contenido. Esta herramienta permite a los creadores experimentar con nuevas ideas, expandir sus narrativas y, en muchos casos, superar las limitaciones físicas de los rodajes tradicionales. En este capítulo, exploraremos no solo el uso práctico de la IA en la generación de videos, sino que también ofreceremos una amplia variedad de ideas y aplicaciones que pueden inspirar a los lectores en sus proyectos creativos.

La IA ha avanzado notablemente en la creación de videos que complementan y enriquecen las producciones audiovisuales. Por ejemplo, los creadores pueden utilizar herramientas de IA para generar imágenes y secuencias que sirven como apoyo visual en sus videos grabados. Esto resulta especialmente útil para presentaciones, documentales y contenidos educativos, donde las imágenes de apoyo pueden hacer que la información sea más accesible y atractiva para el espectador. En lugar de depender exclusivamente de material grabado, los creadores ahora tienen la capacidad de enriquecer sus narrativas con elementos visuales generados por IA, que son personalizables y adaptables a las necesidades de su proyecto.

Además, la IA ofrece la posibilidad de simular escenas de épocas pasadas en las que no existían cámaras, lo cual resulta invaluable para documentales y proyectos históricos. Imagina crear una secuencia que represente la vida cotidiana en una época anterior, utilizando imágenes generadas por IA que capturan la esencia de ese momento sin necesidad de recursos físicos. Esto no solo proporciona una visualización efectiva del contexto histórico, sino que también permite a los creadores explorar y presentar narrativas de manera innovadora. Por ejemplo, al desarrollar un documental sobre la Revolución Industrial, un productor puede recrear escenas de fábricas y trabajadores utilizando videos generados por IA, haciendo que el relato histórico sea más vívido y cautivador.

Un ejemplo de prompt para esta tarea sería:

Prompt:
Genera un clip que muestre una escena de la vida cotidiana en una fábrica textil durante la Revolución Industrial en Inglaterra en el siglo XIX. Incluye trabajadores realizando tareas como hilar y tejer, con máquinas de vapor y telares mecánicos en funcionamiento. Utiliza un estilo visual que se asemeje a las pinturas y grabados de la época, con colores desvaídos y texturas que evoquen la sensación de antigüedad.

Otra aplicación emocionante de la generación de videos con IA es la creación de escenarios alternativos mediante la simulación de "lo que habría pasado si...". Este enfoque es particularmente útil en programas periodísticos y de entretenimiento, donde se busca explorar diferentes líneas temporales o decisiones que podrían haber cambiado el curso de los eventos. Por ejemplo, un programa que analice una crisis política podría utilizar la IA para generar un video que muestre cómo habrían sido los eventos si se hubieran tomado decisiones diferentes. Esta técnica no solo invita a la reflexión, sino que también estimula el interés y el debate entre la audiencia, añadiendo un valor narrativo significativo a la producción.

La capacidad de la IA para generar videos también abre la puerta a la experimentación creativa. Los cineastas pueden crear cortometrajes o teasers que mezclen imágenes generadas por IA con material original, experimentando con la estética y el estilo visual de sus proyectos. Por ejemplo, en un cortometraje de ciencia ficción, un director podría combinar tomas reales de actores con paisajes generados por IA, creando mundos que no serían posibles de filmar de manera tradicional. Esto no solo diversifica las posibilidades creativas, sino que también permite a los creadores explorar nuevas narrativas que antes habrían sido inviables debido a limitaciones técnicas o presupuestarias.

En el ámbito publicitario, la generación de videos con IA se ha convertido en una herramienta estratégica para crear contenido personalizado y dinámico. Las marcas pueden generar videos adaptativos que cambian en función de la audiencia o del contexto, mejorando la experiencia del espectador y maximizando el impacto del mensaje. Por ejemplo, una campaña publicitaria podría utilizar IA para crear versiones personalizadas de un anuncio que se adapten a diferentes segmentos de mercado, ofreciendo un enfoque más relevante y atractivo para cada grupo. La integración de la generación de videos con IA en el flujo de trabajo también facilita la producción de contenido a gran escala. Al reducir el tiempo necesario para la creación de material visual, los equipos de producción pueden concentrarse en la narración y la dirección creativa, liberando recursos y optimizando los tiempos de entrega. Esto es especialmente beneficioso para las producciones que requieren un volumen elevado de contenido, como plataformas de streaming y canales de medios digitales.

Al considerar el futuro de la generación de videos con IA, es evidente que la tecnología seguirá evolucionando, ofreciendo nuevas posibilidades y mejorando la calidad de las producciones. La integración de avances en el aprendizaje automático y el procesamiento del lenguaje natural permitirá una mayor personalización y sofisticación en la creación de contenido. A medida que los creadores se sumerjan en estas nuevas herramientas, tendrán la oportunidad de redefinir sus enfoques narrativos y expandir los límites de su creatividad. La generación de videos con IA es una herramienta poderosa que puede enriquecer y diversificar las producciones audiovisuales. Desde crear imágenes de apoyo y simular escenas históricas hasta explorar narrativas alternativas y mejorar las campañas publicitarias, las posibilidades son infinitas.

3.7. Creación de presentadores y copresentadores

La evolución de la inteligencia artificial ha alcanzado un punto fascinante en la creación de contenido audiovisual: ahora es posible generar presentadores y copresentadores virtuales con IA. Este avance no solo reduce los costos de producción, sino que también abre posibilidades ilimitadas para quienes desean crear contenido de alta calidad sin depender necesariamente de la presencia física de un presentador humano. Con herramientas de IA, la creación de presentadores digitales está al alcance de cualquier productor, ya sea para producciones pequeñas, corporativas o de gran escala.

Imagina que tienes que producir un video explicativo, un anuncio o incluso un programa completo, pero no tienes acceso a un presentador físico en ese momento, o tu presupuesto es limitado. En lugar de retrasar el proyecto, puedes utilizar Synthesia.io, una plataforma que permite crear presentadores virtuales que se ven realistas, hablan con fluidez y pueden transmitir cualquier mensaje que necesites. A través de esta herramienta, es posible personalizar el aspecto, el tono de voz y el idioma del presentador para que se adapte perfectamente a la audiencia y al estilo de tu producción. El proceso es sencillo: solo necesitas proporcionar el guion que deseas que el presentador virtual comunique. La inteligencia artificial generará una persona digital que leerá el texto con naturalidad y empatía. Las opciones son amplias, con distintos estilos visuales, colores de fondo y la capacidad de integrar al presentador en diferentes formatos de video. Además, puedes optar por combinar un presentador humano con un copresentador digital si necesitas mayor dinamismo, alternando entre ellos para transmitir mensajes de manera más fluida y estructurada.

Esta tecnología no solo es útil en proyectos más pequeños o individuales, sino que también está revolucionando la producción de grandes proyectos audiovisuales. Por ejemplo, en la creación de videos educativos o empresariales, los presentadores virtuales pueden ser utilizados para introducir temas, hacer demostraciones o incluso realizar entrevistas simuladas. Las empresas ya están aprovechando esta capacidad para crear contenido de formación interna sin la necesidad de producir nuevos videos cada vez que hay una actualización en el guion. En el ámbito de los medios de comunicación y el entretenimiento, los presentadores generados por IA pueden ser utilizados para conducir noticias, espectáculos o programas en redes sociales. Al combinar presentadores digitales con contenido previamente grabado, es posible simular interacciones, diálogos e incluso construir un flujo de trabajo continuo en el que un copresentador virtual interactúa con presentadores reales. Esta integración no solo mejora la narrativa, sino que también agiliza la producción en situaciones donde es complejo tener a todos los involucrados físicamente en el set.

Un uso innovador de esta tecnología es la personalización de contenido para audiencias específicas. Por ejemplo, una producción puede requerir que el mismo mensaje se transmita en diferentes idiomas o acentos. En lugar de contratar a varios actores o presentadores, la IA permite crear un solo presentador que puede hablar en múltiples idiomas con gran precisión, optimizando el tiempo y el costo de producción.

También existe otra tecnología emergente que, cuando se utiliza de manera ética y responsable, puede ser extremadamente poderosa: los deepfakes. Esta técnica permite generar rostros y voces realistas basados en imágenes o grabaciones previas, lo que puede ser de gran utilidad en diferentes escenarios creativos. Por ejemplo, un influencer que quiera preservar su privacidad mientras sigue generando contenido podría utilizar deepfakes para crear un personaje virtual que represente su imagen en las redes sociales sin necesidad de exponerse físicamente.

Otra aplicación interesante del deepfake es la creación de nuevos canales de contenido donde el creador prefiera no aparecer directamente frente a la cámara, o incluso para simular la aparición de personalidades históricas o ficticias en proyectos audiovisuales. Imagínate, por ejemplo, un programa educativo donde se revive a una figura histórica para que narre eventos desde su perspectiva, o un "¿qué habría pasado si...?" que requiera la participación de un personaje público o de ficción.

Podríamos crear de forma creativa y educativa el deepfake trayendo de vuelta a personajes históricos para explicar temas complejos o narrar eventos desde su perspectiva. Imagina a Albert Einstein explicando principios de la relatividad en un video educativo, o a algún prócer de la historia relatando sus batallas y sus ideales de libertad en un documental histórico. Esta tecnología permitiría no solo revivir sus voces y rostros, sino también hacerlo de una manera envolvente y cercana para el público, creando una experiencia inmersiva que captura la esencia del personaje. Este tipo de uso puede aportar un valor educativo inmenso, permitiendo a las nuevas generaciones aprender de figuras clave de la historia como si estuvieran frente a ellos en tiempo real.

Es importante destacar que el uso del deepfake debe estar siempre guiado por principios éticos claros y transparentes. Su potencial es enorme, pero al igual que cualquier herramienta poderosa, debe ser manejado con responsabilidad para evitar malentendidos o abusos. El futuro de los presentadores generados por IA está lleno de posibilidades. Las mejoras continuas en la calidad visual, el movimiento corporal y la naturalidad en el habla prometen presentadores virtuales cada vez más indistinguibles de los humanos. En un mundo donde la eficiencia y la creatividad son clave, estas herramientas están cambiando la manera en que producimos contenido y abriendo un nuevo abanico de posibilidades para el sector audiovisual.

3.8. Producción virtual (LED walls / Virtual Sets)

La producción virtual no es un concepto nuevo; sus raíces se remontan a los primeros días de la retroproyección en el cine. Sin embargo, ha evolucionado exponencialmente en las últimas décadas. Con la llegada de las paredes LED de alta resolución y los motores de juegos en tiempo real, hemos presenciado un salto cuántico en lo que es posible lograr en un set. Producciones como "The Mandalorian" han demostrado el potencial de esta tecnología para crear mundos inmersivos y convincentes sin necesidad de salir del estudio.

La tecnología de chromakey, también conocida como pantalla verde, ha sido una de las herramientas más revolucionarias para la producción audiovisual. Permite que se combinen actores, objetos y escenas con fondos que no están presentes físicamente durante la grabación. Sin embargo, con la integración de la inteligencia artificial y el auge de los escenarios virtuales, esta técnica ha dado un salto monumental en cuanto a posibilidades y facilidad de uso.

Ya no necesitas disponer de una vasta variedad de fondos físicos o estructuras técnicas complejas para recrear mundos ficticios o ambientes lejanos. La IA ha permitido que los escenarios virtuales no solo sean más accesibles, sino también más dinámicos y creativos. A través de la inteligencia artificial, puedes generar escenarios en tiempo real, ajustarlos con precisión según las necesidades de cada toma, y hacerlo todo de manera casi automática. Esto reduce la cantidad de trabajo manual y abre un abanico de oportunidades para la creación audiovisual.

El chromakey, que antes requería habilidades técnicas avanzadas, ahora puede ser manejado por creativos con poca experiencia técnica, gracias a las nuevas herramientas de IA que generan y adaptan escenarios automáticamente a los movimientos y ángulos de la cámara. Esto no solo agiliza el proceso, sino que también mejora la calidad del producto final. Un prompt bien diseñado o realizar algunos ajustes en la configuración de la herramienta adecuada, puede lograr resultados que antes eran exclusivos de grandes estudios de Hollywood.

Sin embargo, no todo se reduce a velocidad y simplicidad. La clave aquí es cómo la inteligencia artificial te permite elevar la creatividad en la creación de estos escenarios. Ya no estás limitado a fondos pregrabados o ambientes genéricos; ahora puedes crear paisajes únicos, fusionar estilos visuales o incluso adaptar el entorno a la estética específica de tu proyecto, todo ello manteniendo un control creativo total. ¿Te imaginas filmar una escena en un desierto alienígena por la mañana y luego, con unos pocos clics, trasladarte a una metrópolis futurista sin mover ni un solo equipo físico?

Prompt para "Desierto alienígena":

"Genera una imagen de un desierto alienígena con un cielo rojizo y nubes de polvo que se extienden hasta el horizonte. En el centro de la imagen, incluye una formación rocosa única con estructuras geométricas que parecen haber sido creadas por una civilización extraterrestre. La iluminación debe ser suave y difusa, con un tono cálido que evoca una sensación de abandono y desolación. Incluye algunos detalles como rocas, espinas y plantas alienígenas que se integren con el entorno."

Prompt para "Metrópolis futurista":

"Genera una imagen de una metrópolis futurista con rascacielos que se elevan hacia el cielo y calles llenas de vehículos voladores y drones. La ciudad debe tener un aspecto moderno y tecnológico, con luces neón y pantallas gigantes que muestran información y publicidad. En el centro de la imagen, incluye un edificio icónico con una arquitectura futurista que se destaca del resto de la ciudad. La iluminación debe ser brillante y vibrante, con un tono frío que evoca una sensación de dinamismo y progreso. Incluye algunos detalles como personas caminando por la calle, robots y máquinas que se integran con el entorno."

Desde un punto de vista económico y operativo, los beneficios son evidentes. Los costos de producción pueden reducirse significativamente al minimizar el uso de locaciones físicas o la creación de decorados costosos. Además, el tiempo de preparación y postproducción se acorta drásticamente, permitiendo que dediques más tiempo a lo que realmente importa: contar historias poderosas y visualmente impactantes. Eso sí, este tipo de herramientas también presentan retos, como el riesgo de depender demasiado de las soluciones automatizadas, dejando de lado la toma de decisiones creativas. Por eso, es crucial que veas la IA como un complemento a tu creatividad y no un sustituto.

Pero la verdadera magia ocurre cuando estas herramientas se integran directamente en los motores de juegos que impulsan los sets virtuales. Imagina estar en medio de una producción y necesitar un nuevo elemento para tu escena. Con la IA, podrías describir verbalmente lo que necesitas y verlo materializarse en tu set virtual en cuestión de minutos. Esto no solo ahorra tiempo y recursos, sino que también permite una iteración creativa mucho más rápida.

Un ejemplo concreto de cómo puedes aprovechar esta tecnología es utilizando Unreal Engine, uno de los líderes en la creación de entornos virtuales para cine y televisión. Unreal ha integrado herramientas de IA que permiten generar terrenos, vegetación y hasta ciudades enteras con unos pocos prompts.

Para aprovechar todo este potencial, puedes comenzar explorando herramientas de IA como Unreal Engine o NVIDIA Omniverse, que permiten generar escenarios virtuales detallados y adaptables. Con estas plataformas, puedes crear mundos enteros de manera colaborativa, en tiempo real, y con un nivel de detalle sin precedentes. Por ejemplo, un director de fotografía puede ajustar la iluminación del escenario virtual directamente desde su interfaz, mientras que un diseñador de producción puede modificar los fondos o añadir elementos sin necesidad de estar en el set de rodaje. Esto no solo optimiza el flujo de trabajo, sino que también abre la puerta a una colaboración más fluida entre departamentos.

En el futuro, podríamos estar viendo escenarios virtuales aún más inmersivos, donde la inteligencia artificial no solo te ayuda a crear el fondo, sino que reacciona en tiempo real a las acciones de los actores, ajustando la atmósfera o la iluminación de forma dinámica. Los escenarios dejarán de ser estáticos y pasarán a ser entornos vivos y adaptables que contribuyen activamente a la narrativa. Al final del día, lo más importante es que sigas siendo el arquitecto de tus visiones creativas. Si bien estas tecnologías están aquí para facilitarte el proceso, es tu imaginación la que realmente va a definir el éxito de cada producción.

3.9. Gestión de la seguridad y el riesgo

La gestión de la seguridad y el riesgo durante un rodaje es un aspecto crítico que no solo garantiza la protección de todos los involucrados en la producción, sino que también asegura la integridad del proyecto en su totalidad. A medida que la industria audiovisual se enfrenta a una creciente variedad de desafíos y riesgos, la implementación de tecnologías, incluyendo la inteligencia artificial (IA), se está convirtiendo en una práctica cada vez más común para optimizar la seguridad en el set de filmación.

Desde el inicio de la preproducción, es crucial llevar a cabo una evaluación detallada de riesgos. Aquí, la IA puede ser un aliado poderoso. Mediante el análisis de datos históricos sobre incidentes anteriores en rodajes, las herramientas de IA pueden identificar patrones de riesgo específicos relacionados con el tipo de producción, el entorno de rodaje y las técnicas utilizadas. Por ejemplo, si un director de fotografía planea utilizar grúas y drones para tomas aéreas, la IA puede prever riesgos potenciales asociados, como fallos mecánicos o condiciones climáticas adversas. Esta información permite a los productores y al equipo de seguridad diseñar un plan integral que minimice riesgos antes de que comiencen los ensayos.

Prompt:

"Evaluación de riesgos para un rodaje de cortometraje en exteriores.

Estoy planeando rodar un cortometraje en exteriores en una ubicación con terreno irregular y condiciones climáticas variables. El equipo de rodaje incluirá un director de fotografía, un operador de cámara, un equipo de sonido y un equipo de iluminación. Se utilizarán grúas y drones para tomas aéreas.

Por favor, analiza los datos históricos sobre incidentes anteriores en rodajes similares y identifica patrones de riesgo específicos relacionados con:

El terreno irregular y las condiciones climáticas variables
El uso de grúas y drones para tomas aéreas
El equipo de rodaje y sus respectivas responsabilidades

Proporciona una lista de riesgos potenciales y sugiere medidas para minimizarlos. También, por favor, proporciona un plan integral de seguridad que incluya protocolos de emergencia y procedimientos para responder a incidentes.

Datos de entrada:

Ubicación del rodaje: exteriores en terreno irregular

Equipo de rodaje: director de fotografía, operador de cámara, equipo de sonido, equipo de iluminación
Técnicas utilizadas: grúas y drones para tomas aéreas
Condiciones climáticas: variables

Formato de entrega:

Informe detallado de riesgos potenciales y medidas para minimizarlos
Plan integral de seguridad que incluya protocolos de emergencia y procedimientos para responder a incidentes

En el contexto del rodaje, la gestión de la seguridad debe extenderse a la capacitación y concienciación del personal. La IA puede facilitar la creación de programas de capacitación personalizados y efectivos. Utilizando simulaciones virtuales y escenarios interactivos, los miembros del equipo pueden experimentar situaciones de riesgo en un entorno seguro, preparándolos para manejar cualquier eventualidad que pueda surgir en el set. Por ejemplo, en un rodaje que involucra escenas de acción o efectos especiales, los equipos pueden practicar cómo reaccionar ante situaciones peligrosas, asegurando que cada miembro se sienta preparado y empoderado para actuar de manera segura.

Durante la filmación, la vigilancia constante de las condiciones de seguridad se convierte en una tarea primordial. La IA puede utilizarse para supervisar en tiempo real diversas variables que afectan la seguridad del rodaje, como el clima, la presencia de multitudes y el estado de los equipos. Mediante sistemas de cámaras inteligentes y sensores, es posible monitorear el entorno del set, alertando al personal de seguridad sobre cualquier anomalía o situación que pueda comprometer la seguridad. Por ejemplo, si un sensor detecta un aumento inesperado de viento en un set al aire libre, la IA puede generar una alerta instantánea, permitiendo al equipo tomar decisiones informadas y rápidas para salvaguardar a todos los involucrados.

Además, la IA puede ser clave en la gestión de emergencias. La implementación de sistemas de respuesta automática que utilizan IA puede mejorar la eficacia en la coordinación de acciones durante una crisis. Por ejemplo, si ocurre un accidente, un sistema de IA podría analizar la situación en tiempo real y enviar alertas a los servicios de emergencia, proporcionando información sobre la ubicación y la naturaleza del incidente. Esto no solo acelera el tiempo de respuesta, sino que también permite una comunicación más clara y efectiva entre los diferentes equipos de emergencia, aumentando las posibilidades de una resolución exitosa y segura.

El impacto económico y operativo de una gestión efectiva de la seguridad durante un rodaje no puede subestimarse. La prevención de incidentes reduce significativamente el riesgo de paradas en la producción, costosos retrasos y posibles demandas legales. Al utilizar herramientas de IA para optimizar la gestión de la seguridad, las producciones pueden ahorrar tiempo y recursos, permitiendo que el equipo se enfoque en su labor creativa sin las distracciones causadas por problemas de seguridad.

Prompt: Una pintura al estilo del Renacimiento que muestre a un editor de video inmerso en su trabajo, a un ingeniero de sonido operando con dedicación una mezcladora de audio y a un experto en efectos visuales concentrado en su computadora, todo dentro de una amplia habitación de posproducción llena de diversos equipos de edición y otras personas trabajando en equipo. La obra debe reflejar las ricas paletas de colores, los intrincados detalles y la suave iluminación característicos del arte renacentista, creando una armoniosa combinación de técnicas artísticas tradicionales con temas contemporáneos en la producción cinematográfica. Cada figura debe ser retratada de manera que enfatice su dedicación y creatividad, capturando la esencia del arte colaborativo en un contexto moderno

Escena 4: Potenciando la postproducción

4.1. Visualización del material y logueo

La postproducción es un paso crucial en la creación audiovisual, donde las imágenes y los sonidos capturados cobran vida. En este contexto, la visualización del material y el logueo son aspectos esenciales que impactan tanto la eficiencia como la calidad del producto final. Con el avance de la tecnología, la inteligencia artificial ha comenzado a jugar un papel clave en cómo abordamos estas tareas.

Tradicionalmente, la visualización del material implica revisar horas de grabaciones, un proceso tedioso y que consume mucho tiempo. Sin embargo, las herramientas de IA actuales permiten optimizar significativamente este proceso. Por ejemplo, el software de reconocimiento de imágenes puede identificar y catalogar automáticamente las tomas más relevantes, lo que facilita la creación de un archivo con los momentos clave de la grabación. De esta manera, en lugar de navegar por una cantidad abrumadora de clips, puedes concentrarte en los que realmente importan para tu narrativa.

El logueo, por otro lado, consiste en registrar información detallada sobre cada toma, como la calidad de la imagen, el rendimiento actoral y las observaciones del director. Este proceso es vital para que los editores y el equipo creativo comprendan el material y seleccionen las mejores tomas para el montaje final. Las herramientas de IA están transformando este aspecto al generar automáticamente notas y etiquetas a partir del contenido visual. Un ejemplo de ello es el software que analiza cada clip y registra factores como el tono, la iluminación y las emociones capturadas, facilitando una revisión más precisa y eficiente del material. Al reducir el tiempo dedicado a revisar y catalogar, los equipos pueden enfocar más esfuerzos en la edición y el diseño de sonido, áreas que requieren una mayor dosis de creatividad. Sin embargo, es fundamental reconocer los desafíos. Una dependencia excesiva en la automatización puede resultar en la pérdida del juicio humano, por lo que es esencial mantener un equilibrio entre las capacidades de la IA y la intuición creativa.

Para incorporar estas herramientas en tu flujo de trabajo, puedes comenzar explorando opciones como Adobe Premiere Pro, que ofrece funciones de etiquetado automático y análisis de contenido. Otra alternativa es DaVinci Resolve, que incluye herramientas de IA para el análisis de color y mejora de la calidad de imagen. Ambas plataformas integran la inteligencia artificial sin comprometer la calidad de la edición y cuentan con tutoriales que facilitan la transición hacia un flujo de trabajo más automatizado y eficiente.

El futuro de la inteligencia artificial en la postproducción es prometedor. Imaginar un proceso de visualización más inmersivo, en el que las herramientas no solo cataloguen, sino que también ofrezcan sugerencias creativas basadas en las tendencias actuales del cine y la televisión, abre nuevas posibilidades. La IA podría convertirse en una colaboradora activa, brindando recomendaciones sobre cortes, transiciones y efectos que resuenen mejor con el público.

El mensaje es claro: la visualización del material y el logueo son pasos críticos en la postproducción que pueden beneficiarse enormemente de la inteligencia artificial. Adoptar estas tecnologías no solo optimiza tu flujo de trabajo, sino que también te permite centrarte en lo que realmente importa: contar historias cautivadoras.

4.2. Edición y montaje

Llegamos a la etapa en la que las piezas individuales de un proyecto se ensamblan para formar una narrativa coherente y emocionante. En este punto, la inteligencia artificial se ha posicionado como una herramienta transformadora que no solo agiliza el proceso, sino que también potencia la creatividad del editor. Una de las características más emocionantes de la IA en la edición es su capacidad para asistir en la creación de montajes y secuencias complejas. Imagina un software que puede aprender tu estilo de edición a partir de proyectos anteriores y luego sugerir cortes y transiciones que se alineen con tu visión creativa. Esto es especialmente útil en proyectos con grandes volúmenes de material, donde la capacidad de la IA para identificar patrones y ofrecer sugerencias se convierte en un gran aliado. Por ejemplo, herramientas como Adobe Premiere Pro y Final Cut Pro están comenzando a integrar funciones de IA que permiten una edición más intuitiva y menos laboriosa.

La implementación de la inteligencia artificial en la edición y el montaje puede reducir significativamente los costos. Al disminuir el tiempo dedicado a la selección de tomas y la creación de montajes, los equipos pueden redirigir recursos a otras áreas del proyecto, como la postproducción de sonido o los efectos visuales, áreas que también se benefician enormemente de la IA. No obstante, es importante tener en cuenta los desafíos que esta tecnología puede presentar, como la tentación de depender demasiado de las recomendaciones automatizadas, lo que podría llevar a un estilo de edición menos personal y más genérico.

Para maximizar el potencial de la IA en tu proceso de edición, puedes probar con herramientas que ya incorporan estas funcionalidades. Plataformas como DaVinci Resolve no solo ofrecen potentes capacidades de edición, sino que también integran inteligencia artificial para mejorar la colorización y la estabilización de la imagen, permitiéndote dedicar más tiempo a los aspectos creativos del montaje. También puedes considerar el uso de aplicaciones de edición basadas en IA, como Lumen5, que automatizan partes del proceso y son especialmente útiles para la creación de contenido rápido y efectivo.

Una de las innovaciones más emocionantes en el ámbito de la edición de video es el Copiloto de Edición con IA de Filmora. Esta herramienta utiliza algoritmos avanzados para analizar tu video y ofrecer recomendaciones inteligentes que se adaptan a tus necesidades específicas. Se trata de un asistente virtual que no solo entiende el contenido de tu material, sino que también sugiere mejoras y ajustes basados en lo que deseas lograr. Ya sea que necesites optimizar la duración de una secuencia, mejorar la calidad visual o encontrar la mejor música de fondo, el Copiloto de Edición con IA facilita el proceso, haciendo que la edición sea más eficiente y menos abrumadora. Tanto editores novatos como experimentados pueden centrarse más en la creatividad y la narración, mientras la inteligencia artificial se encarga de los aspectos técnicos, elevando la producción audiovisual a un nivel superior.

Otra herramienta innovadora en el campo de la edición de video es la Edición con IA Basada en Texto. Esta función convierte tus videos en texto, permitiéndote editarlos de manera similar a como lo harías con un documento escrito. Este enfoque simplifica el proceso de edición al eliminar la necesidad de navegar por largos clips de video para encontrar los momentos que deseas ajustar. En su lugar, puedes leer y modificar el contenido textual, lo que facilita la corrección de errores, la reestructuración de diálogos y la optimización de la narrativa. Esta funcionalidad es especialmente útil para quienes buscan un método más intuitivo y directo para editar su material audiovisual, combinando la potencia de la inteligencia artificial con la familiaridad del procesamiento de texto, lo que democratiza aún más el proceso de edición para todos los niveles de habilidad.

Una herramienta vanguardista que está transformando la producción de contenido es la opción de Texto a Video con IA. Esta funcionalidad permite que, al escribir una sugerencia o idea, la inteligencia artificial la transforme en un video dinámico y visualmente cautivador. No solo simplifica el proceso creativo, sino que también abre un abanico de posibilidades para aquellos que se sienten intimidados por la edición de video tradicional. Con esta funcionalidad, incluso aquellos sin experiencia técnica pueden ver materializadas sus ideas en un formato audiovisual atractivo, haciendo que la creación de contenido sea accesible para todos. La capacidad de convertir texto en video ofrece una nueva dimensión a la narración, permitiendo que la creatividad se exprese de manera fluida y rápida, ideal para satisfacer las demandas de un público siempre en busca de contenido fresco y relevante.

Cada vez más, las aplicaciones de edición incorporan herramientas de IA en sus flujos de trabajo. Algunas funciones, como la interpolación de fotogramas con IA, mejoran la fluidez del video rellenando los espacios entre fotogramas clave. Esto es especialmente útil para proyectos que requieren convertir videos de una tasa de fotogramas más baja a una más alta, como al crear videos en cámara lenta. La IA analiza los fotogramas existentes y genera nuevos intermedios, resultando en transiciones más suaves. Esta tecnología permite al editor obtener efectos de cámara lenta nítidos, sin los típicos saltos visuales entre fotogramas. Además, el recorte inteligente con IA permite eliminar objetos no deseados de una escena sin afectar su coherencia visual. Esta función analiza el contenido de cada fotograma, asegurando que el fondo y otros elementos se reconstruyan de manera natural. Es ideal para limpiar tomas de errores, elementos distractores o personas que accidentalmente aparecieron en escena.

Es apasionante pensar en cómo la inteligencia artificial continuará evolucionando en el campo de la edición. En un futuro cercano, podríamos ver herramientas que no solo asistan en la selección de clips, sino que también sean capaces de crear narrativas completas, sugiriendo historias basadas en patrones de visualización y preferencias del público. Esto abrirá un nuevo horizonte de posibilidades para los creadores, permitiéndoles explorar formas innovadoras de contar historias y conectar con sus audiencias. La clave es recordar que, aunque la IA puede ser una herramienta increíblemente poderosa, el alma de cada proyecto sigue siendo la creatividad del editor. La inteligencia artificial debe ser vista como un aliado que complementa tus habilidades, liberando tiempo y recursos para que te concentres en lo que verdaderamente importa: la narración visual y la expresión artística.

4.3. Diseño de sonido

El arte sutil y poderoso que da vida y profundidad a las imágenes está experimentando una revolución silenciosa gracias a la inteligencia artificial. En un mundo donde lo visual a menudo domina, el sonido es el puente invisible que conecta al espectador con la historia, creando atmósferas, evocando emociones y transportándonos a mundos imaginarios. La IA está redefiniendo los límites de lo posible en este campo, ofreciendo a los diseñadores de sonido herramientas que amplían su paleta creativa y optimizan su flujo de trabajo.

Ahora es posible generar paisajes sonoros complejos con solo describir la escena o crear efectos de sonido únicos que serían difíciles de lograr con métodos tradicionales. La composición musical, tradicionalmente reservada para aquellos con talento innato y años de experiencia, ha encontrado en la IA un nuevo aliado. Hoy, cualquier persona puede explorar la creación de canciones y melodías con herramientas como AIVA (Artificial Intelligence Virtual Artist) o Amper Music, que permiten generar composiciones musicales personalizadas en minutos, adaptadas al ritmo y la emoción de cada escena.

La evolución del diseño de sonido asistido por IA ha sido vertiginosa. Hace una década, crear efectos de sonido complejos requería horas de grabación en campo y meticulosa edición en el estudio. Hoy, plataformas con IA analizan vastas bibliotecas de sonidos, permitiendo a los diseñadores encontrar o crear el efecto perfecto en una fracción del tiempo. Esto democratiza el acceso a herramientas de calidad profesional, permitiendo que creadores independientes y pequeñas producciones logren resultados de nivel "hollywoodense". Además, libera a los diseñadores de tareas repetitivas, dándoles más tiempo para centrarse en los aspectos creativos y narrativos de su trabajo.

Para compositores avanzados, la IA ofrece una ventaja significativa en términos de eficiencia. Herramientas como Magenta Studio permiten experimentar con múltiples variaciones melódicas, acelerando la búsqueda de la combinación perfecta de sonidos. También puedes integrar fragmentos generados por IA con tus propias grabaciones, fusionando tu estilo personal con las sugerencias algorítmicas para crear un resultado único.

El uso práctico de la IA no se limita a la creación de nuevas piezas. También puede ayudarte a reimaginar y remasterizar canciones existentes, sugiriendo cambios en la instrumentación o los arreglos. Incluso es posible generar variaciones o remixes a partir de un tema original, lo cual es invaluable para producciones audiovisuales que requieren múltiples versiones de la misma canción.

Más allá del aspecto técnico, la IA abre nuevas formas de colaboración creativa. Puedes simular estilos de composición de épocas pasadas o experimentar con géneros musicales que no dominas. Por ejemplo, componer una balada inspirada en los años 60 o un tema electrónico futurista, todo en cuestión de minutos. Así, la IA no solo agiliza el proceso, sino que te invita a explorar territorios musicales que quizás no habías considerado antes.

Las IA de texto también pueden ser un compañero invaluable durante el proceso de composición. Si tienes una idea para una canción, puedes pedirle sugerencias sobre la estructura, el contenido lírico o el desarrollo del ritmo. Proveerle a la IA un tema, una emoción o algunos versos sueltos puede generar frases o estribillos que complementen tu creación. La IA, con su capacidad de análisis y generación de texto, te permite probar enfoques que no habías considerado o simplemente refinar lo que ya tienes en mente.

Considera el caso de una serie de ciencia ficción con un presupuesto limitado. Tradicionalmente, crear los sonidos de una nave espacial futurista o una civilización alienígena requeriría semanas de trabajo y un presupuesto considerable. Con herramientas de IA como Audiostock AI, puedes generar estos sonidos describiendo lo que necesitas en lenguaje natural. Por ejemplo, "Necesito el sonido de un motor de nave espacial, suave y futurista, con un ligero pulso rítmico", y la IA te presentará varias opciones que puedes refinar o combinar.

Otra funcionalidad útil es el estiramiento de audio con IA, que ajusta automáticamente las pistas de audio para sincronizarlas perfectamente con la duración del video. Esto elimina la necesidad de realizar ajustes manuales, ahorrando tiempo y asegurando que el audio fluya naturalmente con el contenido visual. Además, la detección de silencio con IA acelera el flujo de trabajo al eliminar automáticamente los momentos de silencio en una grabación, lo cual es ideal para la edición de entrevistas, podcasts o presentaciones, permitiendo una narrativa más fluida.

La IA puede generar ideas y opciones a una velocidad sorprendente, pero es tu sensibilidad artística la que determinará qué funciona mejor para la narrativa. Podemos anticipar sistemas de IA aún más sofisticados en el futuro, como una IA que analice el guion, la paleta de colores y el ritmo de edición de tu película, sugiriendo un diseño sonoro completo que realce estos elementos. Créeme, no está tan lejos.

4.4. Potenciando la voz

La voz en una producción audiovisual es mucho más que un simple canal de comunicación: es el vehículo que transmite emociones, caracteriza personajes y establece el tono de la narrativa. Con el auge de la inteligencia artificial, el trabajo con la voz en postproducción ha sido transformado, desde la mejora de diálogos hasta la creación de voces sintéticas. Estas herramientas están diseñadas para potenciar la creatividad y mejorar la calidad de la producción.

En el pasado, mejorar la calidad de una grabación de voz era un proceso largo y tedioso. La corrección de problemas como el ruido de fondo, la falta de claridad o las fluctuaciones de volumen requería técnicas y herramientas avanzadas. Hoy, con soluciones como Adobe Enhance, es posible limpiar y mejorar el audio de diálogos con solo arrastrar y soltar la grabación. Esta IA elimina ruidos y hace que las voces suenen más claras y profesionales, incluso en entornos acústicamente difíciles. La tecnología de Adobe Enhance analiza el espectro de frecuencias de la voz, resaltando las más importantes, y ofrece resultados casi inmediatos, convirtiéndose en un recurso valioso tanto para editores de sonido como para creadores independientes sin acceso a estudios de grabación óptimos.

Otro campo en el que la IA ha revolucionado el trabajo es en la generación de voces sintéticas. Herramientas como Descript o Replica Studios permiten generar voces artificiales que suenan sorprendentemente naturales. Estas voces sintéticas se pueden usar en narraciones o diálogos sin necesidad de actores de voz, con la posibilidad de elegir entre estilos de voz y ajustar parámetros como el tono, la velocidad y la inflexión. Esto es particularmente útil en proyectos con presupuestos ajustados o que requieren múltiples variaciones o idiomas para el mismo contenido, permitiendo un nivel de control creativo sin precedentes.

La IA de ajuste tonal también se ha convertido en una herramienta esencial para armonizar y mejorar la calidad vocal en producciones que requieren ajustes finos en la entonación o la sincronización de diálogos. Herramientas como iZotope RX permiten no solo corregir el tono de una grabación, sino también realzar características como la calidez o la presencia de la voz sin necesidad de volver a grabar. Esto es especialmente útil en doblajes o voces en off, donde la IA puede adaptar las voces a las necesidades de la producción, ajustando aspectos como la energía emocional y la dinámica vocal.

La coincidencia de audio o audio matching es otra funcionalidad impulsada por IA que permite analizar diferentes pistas de voz y unificarlas en términos de tono y timbre para lograr coherencia dentro de una producción. Esta capacidad es clave en proyectos que combinan grabaciones de distintas tomas o micrófonos, garantizando que las voces suenen conectadas y homogéneas, ahorrando tiempo y elevando el nivel de la producción.

Además, la IA está ayudando a los diseñadores de sonido a crear voces no humanas. Imagina una producción de ciencia ficción que requiere la voz de un robot o una criatura alienígena; con tecnologías como Sonantic o Lyrebird, puedes manipular voces humanas para crear sonidos únicos que se ajusten a las características de estos personajes ficticios. Esto no solo enriquece la narrativa audiovisual, sino que permite experimentar con formas de expresión que antes requerían mucho procesamiento manual.

Una de las innovaciones más sorprendentes en la edición de audio es la eliminación de voz con IA. Herramientas como Spleeter o LALAL.AI utilizan modelos de aprendizaje profundo para analizar una pista de audio y descomponerla en sus componentes, permitiendo aislar y eliminar las voces de una grabación sin afectar los instrumentos o los efectos de fondo. Esto era algo complicado de lograr de manera tradicional, pero ahora, gracias a la IA, este proceso se ha vuelto más accesible y preciso. Las aplicaciones son variadas: desde remover diálogos para crear pistas instrumentales o mejorar la calidad de doblajes, hasta crear versiones de karaoke o remezclar canciones.

Esta tecnología no solo simplifica procesos que antes requerían conocimientos avanzados, sino que permite a los creadores enfocarse en su visión artística, eliminando barreras técnicas. Por ejemplo, si es necesario sustituir diálogos grabados en exteriores por nuevos en otro idioma, la eliminación de voz con IA facilita el proceso sin comprometer la calidad de la música o los efectos.

Finalmente, herramientas de IA como Otter.ai ofrecen una solución práctica para la generación de subtítulos automáticos sincronizados con grabaciones de voz. Esto permite a los creadores generar versiones accesibles de sus producciones para diferentes plataformas, adaptando diálogos y voces según las necesidades de su audiencia, ya sea en distintos idiomas o con diferentes niveles de accesibilidad.

En resumen, la inteligencia artificial está revolucionando el uso de la voz en la producción audiovisual. Desde la mejora de diálogos hasta la creación de voces sintéticas y el ajuste tonal preciso, estas herramientas no solo optimizan la eficiencia operativa, sino que expanden los límites creativos de los diseñadores de sonido. Al igual que el color y la composición visual enriquecen la experiencia del espectador, la calidad y manipulación de la voz, potenciadas por IA, elevan la narrativa audiovisual a un nuevo nivel de inmersión.

4.5. Mezcla y masterización de sonido

La mezcla y masterización de sonido aseguran que los elementos sonoros estén perfectamente equilibrados y listos para su distribución final. Mientras que la mezcla se enfoca en ajustar el nivel de cada pista de audio —ya sean diálogos, efectos o música— para que se escuchen en armonía, la masterización se ocupa de optimizar la calidad del sonido para diferentes plataformas. La inteligencia artificial ha introducido nuevas oportunidades para agilizar estos procesos, reduciendo el tiempo y esfuerzo requeridos, al mismo tiempo que garantiza resultados profesionales.

En el área de mezcla de sonido, la IA puede automatizar el balance entre las pistas, detectando automáticamente problemas como volúmenes desiguales o picos sonoros que podrían afectar la claridad del audio final. Por ejemplo, la IA puede identificar desequilibrios entre diálogos y música, ajustándolos para que ambos se escuchen de forma clara y equilibrada, sin interferencias entre sí. Esto es especialmente útil en producciones con múltiples capas de audio, donde sería muy laborioso ajustar manualmente cada pista. Estas soluciones inteligentes permiten a los diseñadores de sonido y a los ingenieros concentrarse en decisiones más creativas, sabiendo que los aspectos técnicos estarán en su lugar.

En cuanto a la masterización, la IA ha revolucionado la forma en que se ajustan los niveles de ecualización, compresión y limitación, para garantizar que el sonido final cumpla con los estándares de calidad de la industria. Herramientas como LANDR a través de su LANDR Mastering Plugin PRO ofrecen ajustes automáticos de frecuencias, optimizando los graves, medios y agudos según el tipo de proyecto. Estas herramientas evalúan el perfil sonoro de la mezcla y sugieren mejoras que no solo perfeccionan el audio, sino que también lo adaptan a los diferentes formatos de salida, como cine, televisión o plataformas de streaming.

Una aplicación notable de la IA en la masterización es su capacidad para adaptar el sonido a diferentes entornos de reproducción. En una época en la que el contenido se consume en una amplia variedad de dispositivos, desde sistemas de cine envolvente hasta los pequeños altavoces de un teléfono móvil, es crucial que el audio suene bien en cualquier lugar. La IA puede simular cómo sonará el audio en diferentes entornos y realizar ajustes automáticos para garantizar una experiencia auditiva óptima. Herramientas como Sonarworks SoundID Reference y su complemento Virtual Monitoring Add-On permiten realizar este tipo de simulaciones y ajustes, asegurando que el sonido final sea adecuado para cada tipo de plataforma.

Otra ventaja que la IA ofrece es la creación automática de stems —grupos de pistas que pueden manipularse individualmente, como voces, instrumentos o efectos—. Esto brinda a los diseñadores de sonido mayor flexibilidad al probar diferentes configuraciones creativas sin la necesidad de ajustar cada elemento manualmente. La capacidad de generar y manejar stems facilita la personalización y modificación de mezclas, dando lugar a una mayor experimentación creativa sin perder tiempo en ajustes técnicos detallados.

Mirando al futuro, estas herramientas podrían analizar el contenido audiovisual completo y hacer recomendaciones que maximicen la experiencia inmersiva del espectador, ofreciendo un equilibrio perfecto entre lo técnico y lo creativo.

Si deseas experimentar con estas tecnologías de forma sencilla, te recomiendo herramientas como eMastered o Auphonic. Ambas ofrecen capacidades de masterización automática que permiten obtener un sonido profesional rápidamente y con mínima intervención manual. El valor de estas herramientas radica en liberar al creador de tareas repetitivas y técnicas, permitiendo centrarse en el arte de contar historias a través del sonido.

4.6. La paleta de colores en la postproducción

En la postproducción audiovisual, la paleta de juega un papel fundamental en la construcción de la estética y el impacto emocional de una producción. Cada tono y matiz influye en cómo el espectador percibe las escenas, las emociones de los personajes y el ambiente general de la narrativa. Con la llegada de la inteligencia artificial, el análisis y la corrección de color han alcanzado un nuevo nivel de precisión y creatividad, permitiendo a los editores ajustar y perfeccionar la paleta de de una manera más intuitiva y eficiente.

La IA ha revolucionado el proceso de corrección de color, facilitando el análisis automático de las escenas para sugerir combinaciones cromáticas que refuercen la atmósfera y los sentimientos que se quieren transmitir. Anteriormente, la corrección de color era un proceso laborioso que dependía del ojo entrenado de un colorista, pero ahora, con herramientas impulsadas por IA, se puede obtener un análisis instantáneo del color predominante y sugiere ajustes que hacen que la imagen sea más coherente y atractiva visualmente. Este tipo de automatización optimiza el flujo de trabajo al acelerar la toma de decisiones y minimizar los errores humanos.

Un beneficio destacado de las herramientas de IA es su capacidad para replicar y simular estilos de color de películas icónicas o referencias específicas. Si buscas emular el estilo visual de una película famosa o seguir una tendencia particular en tu producción, la IA puede aplicar automáticamente una paleta preexistente a las escenas de tu proyecto, manteniendo una consistencia estilística sin que tengas que pasar horas ajustando manualmente los . Herramientas como DaVinci Resolve y ColorLab AI han integrado esta funcionalidad, permitiendo a los editores trabajar con presets que capturan la esencia de géneros, épocas o directores específicos.

Además, las herramientas de IA no solo analizan las imágenes individualmente, sino que también pueden revisar el guion o la temática del proyecto para sugerir paletas de que mejor se adapten a la narrativa. Esto es especialmente útil cuando se trata de decisiones visuales a gran escala, como elegir los predominantes para una película de ciencia ficción con un estilo futurista o una historia de época que requiere tonos cálidos y nostálgicos. Al tener en cuenta los elementos emocionales y temáticos de la historia, la IA puede ayudar a lograr una armonía entre el aspecto visual y el contenido narrativo.

Las recomendaciones de color impulsadas por IA también pueden abordar cuestiones más técnicas, como el ajuste automático de la iluminación, el contraste y la saturación. Si una escena se filmó con iluminación inconsistente, la IA puede sugerir correcciones para igualar las tomas y asegurar que toda la secuencia mantenga una coherencia visual. Por ejemplo, en una escena de exteriores que necesita transmitir una sensación más fría, la IA puede intensificar los tonos azules y reducir los naranjas, lo que refuerza la atmósfera sin comprometer la estética general.

Para que puedas realizar un análisis básico de la paleta de colores en la postproducción utilizando herramientas como ChatGPT, sigue estos pasos sencillos:

1. Exporta una imagen congelada de tu proyecto audiovisual. Elige una escena representativa en la que quieras mejorar la paleta de colores.

2. Sube la imagen a ChatGPT y acompáñala con el siguiente prompt para obtener sugerencias sobre la paleta de colores:

Prompt:
"Analiza esta imagen desde el punto de vista de su paleta de colores. Sugiere ajustes para mejorar la estética visual y la atmósfera general. Recomienda qué tonos podrían intensificarse o suavizarse para que coincidan mejor con una temática [especificar aquí si es dramática, cálida, futurista, etc.]."

Este ejercicio te proporcionará recomendaciones útiles basadas en el análisis de colores, lo que te permitirá tomar decisiones más informadas en la corrección de color de tu proyecto. A medida que la inteligencia artificial sigue evolucionando, también lo hace su capacidad para interpretar visuales y generar propuestas que no solo se alinean con las intenciones del director, sino que sugieren opciones creativas inesperadas.

La corrección de color busca equilibrar la tonalidad general de las imágenes, asegurándose de que los colores sean consistentes y naturales, ajustando factores como el brillo, el contraste y la saturación. El objetivo principal es crear un equilibrio visual que se mantenga uniforme a lo largo de todas las tomas. Por ejemplo, si se filma una escena en diferentes momentos del día o en distintos ángulos, es posible que el color varíe debido a la iluminación cambiante. La corrección de color permite unificar esos tonos para que todo se sienta cohesivo. Una vez que la corrección de color está completa, comienza el proceso de colorización, donde se toma una decisión artística sobre la atmósfera que se quiere proyectar. Es aquí donde las herramientas de inteligencia artificial ofrecen un gran apoyo, analizando el contenido visual y sugiriendo paletas de color que mejoran la estética general. Imagina una escena ambientada en un mundo futurista: podrías querer aplicar tonos fríos como azules y grises para crear una sensación tecnológica y distante. Por otro lado, una película dramática podría beneficiarse de tonos cálidos para intensificar la conexión emocional del espectador.

Una de las ventajas más emocionantes de la IA en este proceso es la capacidad de aplicar paletas de color basadas en referencias. Esto significa que puedes tomar una imagen o un clip de una película que te inspire y pedirle a la IA que aplique una paleta de colores similar a tu proyecto, unificando y estilizando la estética de una manera rápida y eficiente. La IA también puede optimizar este proceso, sugiriendo correcciones automáticas que ajustan colores según los elementos dominantes en la imagen. Por ejemplo, si tienes una escena al aire libre donde el cielo es muy prominente, la IA puede sugerir ajustes específicos para hacer que los azules sean más vibrantes sin perder el detalle de las nubes o el paisaje circundante. Además, algunas herramientas permiten simular los efectos de la iluminación en tiempo real, ayudándote a previsualizar cómo los cambios de color afectarán la narrativa visual.

Al final, el color es una de las herramientas más poderosas para transmitir emociones y establecer el tono de una narrativa. Con la asistencia de la IA, este proceso se vuelve más accesible, preciso y dinámico, brindándote nuevas oportunidades para potenciar la estética de tus producciones.

4.7. Efectos visuales CGI personalizados.

En el vasto universo de la producción audiovisual, los efectos visuales y los objetos CGI han transformado lo imposible en posible, llevando la imaginación de los creadores a nuevas fronteras. Con la llegada de la inteligencia artificial, estamos presenciando una revolución que promete democratizar y potenciar aún más este campo, permitiendo a creadores de todos los niveles dar vida a visiones antes inalcanzables.

Imagina poder describir verbalmente un ser alienígena nunca antes visto y verlo materializarse en tu pantalla en cuestión de minutos, o generar un paisaje futurista completo con solo unas pocas palabras clave. La IA está haciendo esto posible, difuminando la línea entre la concepción y la creación. Herramientas como Midjourney y DALL-E están redefiniendo el proceso creativo, permitiendo a los artistas visuales explorar e iterar ideas a una velocidad vertiginosa. La evolución en este campo ha sido exponencial. Hace apenas una década, la creación de efectos visuales complejos y objetos CGI personalizados estaba reservada para grandes estudios con presupuestos millonarios. Hoy, gracias a plataformas como Unreal Engine, junto con MetaHuman Creator, o Blender y sus plugins de IA, incluso creadores independientes pueden generar assets 3D de calidad cinematográfica y personajes hiperrealistas.

La IA no solo está reduciendo drásticamente los tiempos de producción, sino que también está abriendo nuevas posibilidades creativas que antes eran prohibitivamente costosas o técnicamente inviables. Imagina poder visualizar y ajustar en tiempo real complejas secuencias de efectos visuales durante la preproducción, optimizando recursos y minimizando sorpresas costosas durante el rodaje.

Para ilustrar el potencial de estas herramientas, consideremos el caso de una serie de fantasía épica con un presupuesto modesto. Utilizando una combinación de Midjourney para el diseño conceptual, Blender con IA para la modelación 3D y Unreal Engine para la renderización en tiempo real, puedes crear criaturas fantásticas, paisajes oníricos y efectos mágicos que rivalicen con producciones de alto presupuesto.

Veamos un ejemplo práctico de cómo podrías usar estas herramientas en tu flujo de trabajo:

1. Conceptualización con Midjourney:
Prompt:
"Dragón cristalino iridiscente, majestuoso, en vuelo sobre un mar de nubes al atardecer, estilo fotorrealista"

2. Modelado 3D con Blender y AI-assisted plugins:
Importa la imagen generada como referencia y utiliza herramientas de modelado asistido por IA para crear rápidamente la base del modelo 3D.

3. Texturizado y Rigging en Blender:
Aplica texturas generadas por IA basadas en tu descripción y utiliza sistemas de rigging automático para preparar el modelo para la animación.

Prompt:
"Generar textura para dragón cristalino:
Base: Cristal transparente con índice de refracción alto
Características:
- Iridiscencia sutil en la piel, como pompas de jabón
- Vetas internas que imitan la estructura del cuarzo
- Microfracturas que reflejan la luz en patrones complejos
Variaciones:
- Áreas más densas y opacas en las escamas dorsales
- Zonas más transparentes en las membranas de las alas
- Gradiente de opacidad de centro cuerpo hacia los lados
Detalles adicionales:
- Ligero tinte azulado en las zonas más gruesas
- Efecto de dispersión de luz en los bordes afilados
- Sutiles destellos que sugieren energía contenida
Estilo: Fotorrealista con un toque de fantasía
Resolución: 4K (4096x4096 píxeles)
Mapas requeridos: Difuso, Normal, Roughness, Metallic"

4. Integración y renderizado en tiempo real con Unreal Engine:
Importa el modelo a Unreal, ajusta la iluminación y los efectos de partículas para crear la atmósfera deseada, y visualiza el resultado en tiempo real.

Este proceso, que tradicionalmente habría tomado semanas o meses, ahora puede realizarse en días, permitiéndote iterar y refinar tu visión con una flexibilidad sin precedentes.

Sin embargo, es crucial entender que la IA no está aquí para reemplazar la creatividad humana, sino para amplificarla. La verdadera magia ocurre cuando combinas el poder de estas herramientas con tu visión artística única. La IA puede generar opciones y acelerar procesos, pero es tu ojo creativo el que da vida y significado a estas creaciones digitales.

La generación de efectos visuales y objetos CGI personalizados, potenciada por la IA, está democratizando el acceso a herramientas de calidad cinematográfica. Sin embargo, recuerda siempre que estas tecnologías son un medio, no un fin. La historia y la emoción que quieres transmitir siguen siendo el corazón de tu creación.

La revolución de la IA en la generación de efectos visuales y objetos CGI está apenas comenzando. A medida que estas tecnologías continúen evolucionando, surgirán nuevas formas de dar vida a nuestra imaginación en la pantalla. Mantén tu mente abierta, experimenta con estas herramientas y, sobre todo, nunca pierdas de vista que la verdadera magia del cine reside en la historia que cuentas y las emociones que evocas. La IA es tu aliada en este viaje creativo, potenciando tu visión y permitiéndote alcanzar nuevas alturas en el arte de contar historias visuales.

4.8. Animación Asistida: Creación con IA

En el vasto universo de la creación audiovisual, la animación ha sido siempre un campo donde la magia de la imaginación cobra vida. Pero, ¿qué sucede cuando esa magia se encuentra con el poder de la inteligencia artificial? El resultado es una revolución creativa que redefine los límites de lo posible en la animación. Bienvenido al fascinante mundo de la Animación Asistida por IA, donde la creatividad humana y la eficiencia tecnológica se fusionan para dar vida a nuevas formas de expresión visual.

Gracias a la IA, la automatización de animaciones repetitivas se ha convertido en una realidad transformadora. Los ciclos de caminata de personajes, los movimientos mecánicos de maquinaria y los patrones de fondo que antes consumían horas de trabajo manual ahora pueden generarse en cuestión de minutos. Esta liberación de tiempo y energía permite a los animadores enfocarse en lo que realmente importa: dar vida y personalidad única a sus creaciones. La IA se convierte así en un asistente incansable, capaz de manejar las tareas monótonas mientras tú, el artista, te sumerges en los aspectos más creativos y emotivos de tu obra.

Pero la IA no se limita a replicar lo conocido; también nos abre las puertas a un nuevo mundo de posibilidades a través de la animación generativa y procedural. Imagina poder definir unos parámetros básicos y ver cómo la IA genera movimientos de personajes, crea fondos dinámicos o produce efectos visuales complejos de forma automática. Esta tecnología no solo acelera el proceso creativo, sino que también inspira nuevas ideas al presentar combinaciones y variaciones que quizás no hubieras considerado. Es como tener un colaborador creativo incansable, capaz de explorar infinitas posibilidades basadas en tus directrices iniciales.

En el ámbito del branding y la identidad visual, la animación de logotipos con IA está revolucionando la forma en que las marcas se presentan en el mundo digital. Ya no estamos limitados a logotipos estáticos o animaciones predefinidas. La IA permite crear lo-gotipos dinámicos y adaptativos que responden al contexto, al medio de distribución e incluso al comportamiento del usuario. Imagina un logotipo que cambia sutilmente su animación según la hora del día, el clima o el contenido que lo rodea. Esta capacidad de adaptación no solo aumenta el impacto visual, sino que tam-bién mejora la conexión emocional entre la marca y su audiencia.

Aquí tienes un ejemplo de cómo podrías usar Runway ML para crear un logotipo animado y adaptativo:

1. Visita https://runwayml.com y crea una cuen-ta gratuita.
2. Una vez dentro, selecciona "Text to Image" en la sección de herramientas.
3. Utiliza el siguiente prompt para generar la base de tu logotipo:

"A minimalist logo for a tech company called "NeoVision". The logo should be abstract and futuristic, incorporating elements that suggest vision and technology. Use a color scheme that transitions from cool blues to warm purples."

4. Genera varias versiones y selecciona la que más te guste.
5. Ahora, ve a la sección "Image to Video" y usa tu logotipo generado como imagen de entrada.
6. Utiliza el siguiente prompt para animar tu logotipo:

"Animate the logo to subtly pulse and shift co-lors, mimicking the rhythm of breathing. The animation should be smooth and calming, with the colors transitioning from cool blues in the morning to warm purples in the evening. Add subtle particle effects that respond to simulated weather conditions - more particles for sunny days, fewer for cloudy days."

7. Experimenta con diferentes variaciones del prompt, ajustando elementos como el ritmo de la animación, los efectos de partículas o las transiciones de color para adaptarse a diferentes contextos o estados de ánimo.

La expresión facial y el lenguaje corporal son elementos cruciales en la animación de personajes, y es aquí donde la IA está marcando una diferencia significativa. Las técnicas avanzadas de captura de movimiento, potenciadas por algoritmos de aprendizaje profundo, permiten traducir las sutilezas de la actuación humana a personajes animados con una precisión y naturalidad asombrosas. La IA no solo captura los movimientos, sino que también puede refinarlos automáticamente, añadiendo microexpresiones o ajustando la intensidad de los gestos para lograr una interpretación más convincente y emotiva.

En el mundo del diseño gráfico en movimiento, la animación de textos y elementos tipográficos está experimentando una revolución creativa gracias a la IA. Los títulos de crédito, los rótulos y cualquier elemento textual en un proyecto audiovisual pueden cobrar vida de formas antes inimaginables. La IA puede generar animaciones tipográficas que no solo son visualmente impactantes, sino que también se adaptan al tono y el ritmo de la narrativa. Imagina textos que danzan al compás de la música, que se transforman en respuesta al contenido que representan o que interactúan de manera orgánica con otros elementos visuales de la escena.

La creación de personajes animados es otro campo donde la IA está dejando su huella. Desde la conceptualización inicial hasta la animación final, la IA puede asistir en cada paso del proceso. Herramientas de generación de personajes basadas en IA pueden producir diseños originales que se adaptan a diferentes estilos visuales o conceptos narrativos con solo unas pocas indicaciones. Una vez diseñado el personaje, la IA puede sugerir poses, expresiones y movimientos que se alinean con su personalidad y rol en la historia. Esto no solo acelera el proceso de creación, sino que también expande el horizonte creativo, presentando opciones que podrían no haber surgido en un proceso tradicional.

Para explorar el potencial de la IA en la creación de objetos o personajes 3D curiosos, te invito a probar el siguiente ejemplo en www.tripo3d.ai:

1. Visita www.tripo3d.ai y crea una cuenta si aún no tienes una.

2. Una vez en la plataforma, busca la opción para crear un nuevo objeto o personaje 3D.

3. En el campo de entrada de texto, copia y pega el siguiente prompt:

"Crea un modelo 3D de un robot barista extravagante. El robot debe tener un diseño retro-futurista con una cafetera integrada en su pecho. Su cabeza se asemeja a una máquina de espresso antigua con válvulas de vapor como orejas. Los brazos son extensibles con varios accesorios para diferentes herramientas de preparación de café. La parte inferior del cuerpo es una sola rueda para movilidad. El esquema de color debe ser cobre, latón y negro mate."

4. Ajusta cualquier configuración adicional que la plataforma ofrezca, como el estilo visual o el nivel de detalle.

5. Inicia el proceso de generación y espera a que la IA cree tu modelo 3D.

Este prompt está diseñado para desafiar las capacidades de la IA en varios aspectos:

- Combinación de elementos dispares: Un robot con características de máquina de café.
- Detalles específicos: Válvulas de vapor como orejas, brazos extensibles, cuerpo de una sola rueda.
- Mezcla de estilos: Retro-futurista con toques eco-amigables.
- Paleta de colores específica: Cobre, latón y negro mate.
- Pequeños detalles adicionales: Pantalla digital y planta creciendo en el hombro.

Una vez que hayas generado este modelo, prueba a modificar elementos del prompt para ver cómo la IA adapta el diseño. Cuantos más detalles proporciones en tu prompt, más rico y detallado será el modelo 3D resultante. Sin embargo, también es interesante ver cómo la IA interpreta instrucciones más vagas, lo que puede llevar a resultados creativos e inesperados.

En la era del contenido personalizado, la IA está llevando la animación a un nuevo nivel de interactividad y relevancia para la audiencia. Imagina una serie animada donde los personajes secundarios, el estilo visual o incluso ciertos elementos de la trama se adaptan según las preferencias del espectador. La IA puede analizar datos de audiencia en tiempo real y ajustar elementos de la animación para crear una experiencia más atractiva y personalizada. Esto no solo mejora el engagement, sino que también abre nuevas posibilidades narrativas y de marketing interactivo.

La optimización del flujo de trabajo en animación es uno de los beneficios más tangibles de la IA en el día a día de los profesionales del sector. Desde la previsualización hasta la renderización final, la IA está presente en cada etapa del proceso, acelerando tareas y mejorando resultados. Herramientas de previsualización impulsadas por IA pueden generar borradores rápidos de escenas completas, permitiendo a los directores y animadores experimentar con diferentes enfoques antes de comprometer recursos en la producción final. En la etapa de renderizado, los algoritmos de IA pueden optimizar el uso de recursos computacionales, reduciendo drásticamente los tiempos de procesamiento sin sacrificar la calidad visual.

La colaboración entre humanos e IA en la creación de animaciones está redefiniendo el concepto mismo de creatividad. La IA no es simplemente una herramienta; se está convirtiendo en un verdadero asistente creativo capaz de generar ideas y secuencias animadas basadas en indicaciones humanas. Imagina describir verbalmente una secuencia de acción y ver cómo la IA genera un storyboard animado en tiempo real. O piensa en cómo un sistema de IA podría sugerir variaciones de una escena, explorando diferentes estilos visuales o soluciones narrativas. Esta colaboración no reemplaza la visión del artista, sino que la amplifica, permitiendo una exploración más profunda y diversa de las posibilidades creativas.

En el mundo de la animación 3D, la simulación de físicas realistas ha sido siempre un desafío técnico y creativo. Aquí es donde la IA está marcando una diferencia revolucionaria. Los sistemas de simulación basados en IA pueden generar interacciones físicas complejas con un nivel de realismo y detalle que antes requería semanas de trabajo manual. Desde el movimiento fluido del agua y el comportamiento natural de la ropa hasta las complejas interacciones entre múltiples objetos en una escena, la IA puede simular estas dinámicas con una precisión asombrosa. Esto no solo ahorra tiempo y recursos, sino que también permite a los animadores experimentar con escenas y efectos que antes eran prohibitivamente complejos o costosos de producir.

Imagina poder generar mundos 3D completos con solo unas pocas indicaciones verbales. La IA puede diseñar y animar entornos complejos, desde paisajes naturales hasta ciudades futuristas, con un nivel de detalle y coherencia que desafía la imaginación. Pero va más allá de la mera generación de escenarios; la IA también puede animar estos entornos, dotándolos de vida propia. Desde el movimiento de las nubes en el cielo hasta el tráfico en las calles de una ciudad virtual, la IA puede crear un mundo dinámico y creíble que responde orgánicamente a las necesidades de la narrativa.

Para profundizar en este emocionante campo, te recomiendo explorar plataformas como DeepMotion para animación basada en física, RunwayML para experimentar con IA generativa en animación, y los recursos de aprendizaje de Autodesk sobre integración de IA en Maya y 3ds Max. Además, mantente atento a los avances en herramientas como Adobe Character Animator y Cascadeur, que están integrando cada vez más funcionalidades de IA en sus flujos de trabajo de animación. ¡El futuro de la animación es brillante y está lleno de posibilidades infinitas gracias a la IA!

La animación asistida por IA no es solo una tendencia pasajera, sino el futuro de la creación audiovisual. Esta tecnología está democratizando el acceso a técnicas de animación avanzadas, permitiendo a creadores de todos los niveles dar vida a sus visiones con una calidad y eficiencia sin precedentes. Sin embargo, es crucial recordar que la IA es una herramienta al servicio de tu creatividad.

Prompt: Crea una escultura inspirada en "El David" de Miguel Ángel, representando una figura masculina en una posición pensativa, de pie en una habitación moderna. La figura debe estar mirando hacia una pared que presenta múltiples pantallas, cada una mostrando diferentes tipos de medios: una pantalla muestra una escena cinematográfica, otra presenta un programa de televisión, una tercera muestra un feed de redes sociales, y pantallas adicionales pueden mostrar otras formas de contenido visual. La habitación debe estar diseñada en el estilo de la pintura "Nighthawks" de Edward Hopper, con una atmósfera contemporánea pero ligeramente melancólica y una iluminación dramática. La composición general debe transmitir un sentido de introspección y contemplación sobre la distribución del contenido audiovisual

Escena 5: Distribución y Marketing

En el ámbito audiovisual, el arte de la creación no se detiene en el momento en que se termina de filmar. La distribución y el marketing de tus proyectos son cruciales para asegurarte de que tu trabajo llegue a la audiencia adecuada y obtenga el reconocimiento que merece. Si bien es probable que tu experiencia se centre en la producción, el desarrollo de un plan de marketing eficaz no tiene por qué ser una tarea abrumadora, especialmente cuando puedes aprovechar la inteligencia artificial para optimizar este proceso.

5.1. El plan de marketing

Un plan de marketing es una hoja de ruta que define cómo vas a promocionar tu proyecto audiovisual. Comienza por identificar tu público objetivo, un paso fundamental para el éxito. Pregúntate: ¿quiénes son las personas que se beneficiarían más de mi contenido? Conocer a tu audiencia te permitirá crear mensajes y campañas que resuenen con ellos. Aquí, la IA puede ser un aliado invaluable; herramientas como el análisis de datos y la segmentación de audiencia pueden ayudarte a entender mejor a quién te diriges, facilitando la creación de perfiles de audiencia más detallados.

El siguiente paso en la elaboración de tu plan es establecer objetivos claros y medibles. ¿Qué esperas lograr con tu proyecto? Ya sea aumentar la visibilidad, generar ventas o fomentar la interacción, definir estos objetivos te proporcionará una base sólida sobre la cual construir. La inteligencia artificial también puede ayudarte a establecer métricas y realizar un seguimiento del progreso, asegurando que cada esfuerzo esté alineado con tus metas.

Una vez que tengas claros tus objetivos, es momento de diseñar tus estrategias. Aquí es donde la creatividad entra en juego. Es fundamental pensar fuera de lo convencional; tu contenido audiovisual tiene su propia voz y estilo, así que busca maneras únicas de presentarlo. Ya sea a través de campañas en redes sociales, tráilers llamativos o colaboraciones con influenciadores, las posibilidades son vastas. Las herramientas de IA, como la automatización de publicaciones y el análisis de tendencias en tiempo real, pueden hacer que este proceso sea más eficiente, permitiéndote centrarte en la creatividad en lugar de en la logística.

Para que tu contenido llegue a la mayor audiencia posible, necesitarás un canal de distribución adecuado. Esto puede incluir plataformas de streaming, redes sociales o festivales de cine. La IA puede ofrecerte recomendaciones personalizadas sobre dónde distribuir tu contenido, analizando datos previos de rendimiento y sugiriendo las plataformas que probablemente generen el impacto deseado. También puedes considerar utilizar herramientas de inteligencia artificial que optimicen el SEO de tu contenido, asegurando que sea más fácil de encontrar para quienes buscan temas relacionados.

Un aspecto vital en la distribución y el marketing es el seguimiento y la evaluación. Analizar el desempeño de tu contenido te permitirá realizar ajustes en tiempo real. Herramientas de análisis alimentadas por IA pueden proporcionarte informes detallados sobre la interacción del público, lo que te permitirá entender qué estrategias funcionan y cuáles necesitan ajustes. Esta retroalimentación es crucial para afinar tu enfoque y asegurar que estés aprovechando al máximo cada lanzamiento.

En un mundo donde las tendencias cambian rápidamente, es esencial mantenerse actualizado sobre las últimas innovaciones en marketing. La inteligencia artificial no solo está revolucionando la producción audiovisual, sino también la forma en que se comercializa. Mantente al tanto de las herramientas emergentes y las tendencias en marketing digital que pueden ofrecerte nuevas oportunidades para conectar con tu audiencia.

Adapta y responde las siguientes preguntas en un prompt y pídele a tu IA favorita que escriba un plan de marketing para tu proyecto audiovisual.

1. ¿Cuál es el tema principal de tu canal de YouTube? (por ejemplo, cocina, videojuegos, tutoriales, vlogs, etc.)
2. ¿Cuál es tu objetivo principal al crear contenido en YouTube? (por ejemplo, ganar dinero, compartir conocimientos, entretener, etc.)
3. ¿Cuál es tu público objetivo? (por ejemplo, edad, género, intereses, ubicación geográfica, etc.)
4. ¿Cuál es el tono y estilo de tu contenido? (por ejemplo, formal, informal, divertido, educativo, etc.)
5. ¿Cuántos videos planeas subir a la semana/mes? (para determinar la frecuencia de publicación)
6. ¿Tienes experiencia previa en marketing o publicidad? (para saber si necesitas ayuda con conceptos básicos)
7. ¿Cuál es tu presupuesto para marketing y publicidad? (para determinar las estrategias que se pueden implementar)
8. ¿Tienes alguna plataforma social media adicional (como Instagram, Twitter, Facebook, etc.) donde quieras promocionar tu canal?
9. ¿Cuál es el plazo de tiempo que tienes para alcanzar tus objetivos de marketing? (por ejemplo, 3 meses, 6 meses, 1 año, etc.)

10. ¿Qué métricas de éxito te gustaría utilizar para medir el éxito de tu plan de marketing? (por ejemplo, suscriptores, vistas, engagement, etc.)

Con un plan de marketing bien estructurado, no solo maximizarás la exposición de tu contenido, sino que también te asegurarás de que tu mensaje resuene en la mente de tu audiencia. La clave es recordar que cada proyecto es una historia que merece ser contada. Utilizando la IA como tu aliada en este viaje, liberarás tiempo y recursos para concentrarte en lo que realmente importa: la creatividad y la conexión humana a través de tu trabajo.

5.2. IA para estudiar la audiencia y personalizar

Hoy en día, comprender y conectar con tu audiencia es más crucial que nunca. La inteligencia artificial ha revolucionado la forma en que analizamos el comportamiento del público y personalizamos el contenido, ofreciendo herramientas poderosas que transforman datos en insights accionables. Imagina poder predecir con precisión qué contenido resonará con tu audiencia antes incluso de producirlo, o diseñar campañas de marketing tan personalizadas que cada espectador sienta que fueron creadas exclusivamente para él. Estas no son visiones de un futuro lejano, sino realidades que la IA está haciendo posibles hoy en día.

La evolución de estas herramientas ha sido vertiginosa. Hace apenas una década, los estudios de audiencia se basaban principalmente en encuestas y grupos focales. Hoy, algoritmos sofisticados analizan millones de puntos de datos en tiempo real, ofreciendo una comprensión sin precedentes de los gustos, hábitos y preferencias del público. Pero, ¿cómo se traduce esto en beneficios tangibles para los creadores y distribuidores de contenido audiovisual? La respuesta está en la eficiencia y la precisión. Las plataformas de IA para análisis de audiencia pueden reducir drásticamente el tiempo y los recursos necesarios para la investigación de mercado, al tiempo que ofrecen insights mucho más profundos y matizados. Esto se traduce en decisiones más informadas sobre qué proyectos desarrollar, cómo posicionarlos y a quién dirigirlos.

Tomemos como ejemplo la herramienta Audiense, una plataforma de IA especializada en segmentación de audiencias. Audiense utiliza aprendizaje automático para analizar perfiles de redes sociales, comportamiento en línea y datos demográficos, creando segmentos de audiencia increíblemente detallados. Como creador, podrías utilizar esta información para adaptar tu contenido a nichos específicos o descubrir nuevas audiencias potenciales.

> Un prompt muy sencillo y a la vez efectivo para estudiar tu audiencia podría ser:
>
> "Analiza la audiencia de películas de ciencia ficción independientes en Europa, focalizándote en sus intereses secundarios, patrones de consumo de medios y los influencers que siguen."

Otra herramienta revolucionaria en este campo es Helixa, que combina el análisis de audiencia con la predicción de tendencias. Helixa no solo te dice quién es tu audiencia ahora, sino que también predice cómo evolucionarán sus gustos e intereses. Imagina poder anticiparte a las tendencias de contenido meses antes de que se vuelvan mainstream.

La personalización del contenido es otro ámbito donde la IA está marcando la diferencia. Plataformas como Dynamic Yield utilizan algoritmos de aprendizaje automático para crear experiencias de usuario altamente personalizadas. En el contexto audiovisual, esto podría significar adaptar automáticamente los tráilers, las sinopsis o incluso las recomendaciones de contenido basándose en el historial de visualización y las preferencias individuales.

Podemos anticipar que la IA no solo nos ayudará a entender y llegar a nuestra audiencia, sino que también jugará un papel crucial en la co-creación de contenido. Imagina sistemas de IA que puedan generar variaciones de guiones o ediciones basadas en las reacciones en tiempo real de la audiencia durante proyecciones de prueba. Sin embargo, es crucial recordar que estas herramientas, por muy avanzadas que sean, son precisamente eso: herramientas. La creatividad humana y tu visión única como creador siguen siendo el corazón de toda narrativa impactante.

La IA está aquí para potenciar tu creatividad, no para reemplazarla. Te permite liberar tiempo y recursos de tareas analíticas complejas, permitiéndote enfocarte en lo que realmente importa: contar historias que resuenen y conmuevan. Al final del día, el éxito en la distribución y el marketing audiovisual radica en encontrar el equilibrio perfecto entre los insights proporcionados por la IA y tu intuición creativa. Las herramientas que hemos explorado te ofrecen una brújula en el vasto océano de datos de la audiencia, pero la dirección final la decides tú.

5.3. IA para crear campañas de marketing efectivas

La evolución ha sido vertiginosa. Hace apenas unos años, las campañas de marketing dependían en gran medida de la intuición y la experiencia de los profesionales. Hoy, los algoritmos de aprendizaje profundo analizan vastos conjuntos de datos para ofrecer insights precisos y predicciones acertadas, complementando y potenciando la creatividad humana. Integrar la IA en tus estrategias de marketing tiene un impacto económico y operativo significativo, permitiéndote reducir drásticamente el tiempo dedicado a tareas repetitivas, como la segmentación de audiencias o la programación de contenidos. Esto te da la oportunidad de enfocarte en aspectos más creativos y estratégicos.

Albert.ai es una plataforma de IA que automatiza la creación y optimización de campañas de marketing digital. Puedes lanzar una campaña para tu última producción y que Albert.ai ajuste automáticamente los parámetros de targeting, presupuesto y creatividades basándose en el rendimiento en tiempo real. Otra herramienta revolucionaria es Persado, que utiliza IA para generar y optimizar el lenguaje de marketing. Con esta herramienta, puedes probar cientos de variaciones de copys para los pósters de tu película, cada uno personalizado para resonar con diferentes segmentos de tu audiencia.

La personalización llevada al extremo es posible gracias a tecnologías como Dynamic Creative Optimization (DCO). Esta tecnología permite crear miles de variaciones de tus anuncios, adaptando elementos como imágenes, textos o llamadas a la acción según el perfil del espectador. Por ejemplo, podrías mostrar diferentes escenas de tu película a distintas audiencias, maximizando el impacto y la relevancia.

Las IAs "de texto" o chatbots son herramientas versátiles que no requieren aplicaciones dedicadas o de pago, permitiéndote crear campañas de forma efectiva. Su capacidad para procesar y generar texto de alta calidad las convierte en aliados invaluables para los profesionales del marketing audiovisual. Puedes tener un asistente virtual que te ayude a generar ideas creativas, redactar copys persuasivos, analizar tendencias de mercado y personalizar mensajes para diferentes segmentos de audiencia. Para aprovechar al máximo el potencial de estas herramientas en tus campañas de marketing, considera los siguientes prompts:

> Brainstorming creativo:
> "Genera 10 ideas originales para una campaña que promocione una película de suspense psicológico ambientada en una gran ciudad. El público objetivo son adultos de 25 a 40 años interesados en el cine de autor. Incluye ideas que

incorporen tecnología AR y elementos interactivos en espacios públicos."

Redacción de copys:
"Escribe cinco variaciones de un copy de 240 caracteres para Twitter que promocione el estreno de una serie de comedia romántica ambientada en una startup tecnológica. El tono debe ser divertido y moderno, apelando a profesionales jóvenes de 20 a 35 años. Incluye un call-to-action para ver el tráiler."

Análisis de tendencias:
"Analiza y resume las principales tendencias en marketing de contenidos para plataformas de streaming en los últimos 6 meses. Enfócate en estrategias innovadoras que hayan utilizado Netflix, Amazon Prime y HBO Max para promocionar sus series originales. Destaca cualquier uso novedoso de redes sociales o tecnologías emergentes."

Personalización de mensajes:
"Crea tres versiones diferentes de un párrafo promocional para una película de acción y aventuras basada en un videojuego popular. Adapta el mensaje para estos tres segmentos de audiencia:

a) Gamers hardcore de 18-30 años
b) Fans casuales de películas de acción de 30-45 años
c) Familias con niños mayores de 12 años
Asegúrate de que cada versión resalte los aspectos más atractivos para cada grupo."

Optimización de SEO:
"Genera una lista de 20 palabras clave longtail relacionadas con una docuserie sobre cambio climático y sostenibilidad. Incluye términos que puedan ser relevantes tanto para búsquedas generales como para búsquedas específicas en plataformas de streaming. Además, sugiere 5 títulos SEO-friendly para episodios de la serie que incorporen algunas de estas palabras clave."

La versatilidad de un chatbot lo convierte en una herramienta especialmente valiosa para equipos de marketing más pequeños o creadores independientes, ya que puede asumir múltiples roles y tareas que normalmente requerirían varios especialistas o herramientas diferentes.

Podemos anticipar que la IA no solo optimizará nuestras campañas, sino que también podría co-crear contenido de marketing sin embargo, es fundamental recordar que la IA es una herramienta al servicio de tu visión creativa. El desafío y la oportunidad residen en encontrar el equilibrio perfecto entre la eficiencia y precisión que ofrece la IA, y la intuición y empatía humanas que dan alma a una campaña de marketing verdaderamente memorable.

5.4. Algoritmos para maximizar la rentabilidad

En la era digital, el contenido es rey y la creatividad es la reina, pero son los algoritmos los que deciden su reinado. La intersección entre la creatividad humana y la precisión matemática de los algoritmos redefine cómo valoramos y rentabilizamos el contenido audiovisual. La evolución en este campo ha sido vertiginosa. Hace apenas una década, la monetización del contenido dependía en gran medida de modelos tradicionales y métricas simples, como el número de visitas. Hoy, algoritmos sofisticados analizan patrones de comportamiento, preferencias de la audiencia y tendencias de mercado en tiempo real, permitiendo una monetización más efectiva y personalizada.

El impacto económico de integrar estos algoritmos en tu estrategia de contenido puede ser transformador. Puedes reducir significativamente los costos de producción al predecir con mayor precisión qué contenido tendrá éxito. Además, la optimización algorítmica de la distribución y el marketing puede aumentar drásticamente el retorno de inversión de cada pieza de contenido.

Veamos algunos ejemplos de algoritmos y herramientas que están revolucionando la rentabilización del contenido audiovisual:

- Algoritmos de recomendación personalizados: Plataformas como Netflix utilizan algoritmos de aprendizaje profundo para analizar el historial de visualización, las calificaciones y el momento del día en que ves cierto contenido. Esto no solo mejora la experiencia del usuario, sino que también aumenta el tiempo de visualización y, por ende, la rentabilidad. Para implementar algo similar en tu estrategia, podrías utilizar herramientas como Amazon Personalize, que te permite crear sistemas de recomendación personalizados sin necesidad de experiencia en aprendizaje automático.

- Algoritmos de precios dinámicos: Imagina poder ajustar el precio de tu contenido en tiempo real basándote en la demanda, la competencia y otros factores del mercado. Herramientas como Dynamic Yield permiten implementar estrategias de precios dinámicos que maximizan los ingresos.

- Algoritmos de optimización de anuncios: Google Ad Manager utiliza IA para optimizar la colocación y el tiempo de los anuncios en contenido de video, maximizando los ingresos publicitarios sin comprometer la experiencia del usuario.

- Análisis predictivo de tendencias: Herramientas como Trends-pottr utilizan algoritmos de IA para predecir qué temas y formatos de contenido se volverán virales, permitiéndote estar un paso adelante en la creación de contenido rentable.

- Algoritmos de optimización de títulos y miniaturas: YouTube utiliza aprendizaje automático para probar diferentes combinaciones de títulos y miniaturas, maximizando los clics y las visualizaciones. Puedes implementar estrategias similares utilizando herramientas como TubeBuddy o VidIQ.

El desafío y la oportunidad residen en encontrar el equilibrio perfecto entre la eficiencia algorítmica y la intuición creativa humana. Los creadores que dominen este equilibrio estarán bien posicionados para triunfar en la era digital. La era del contenido audiovisual potenciado por algoritmos de IA está aquí. La pregunta es: ¿cómo vas a aprovechar estas herramientas para llevar la rentabilidad de tu contenido al siguiente nivel?

A continuación, quiero mostrarte un ejercicio realizado con un chatbot. Te invito a analizarlo, adaptarlo y utilizarlo para tu propia producción:

Prompt:
"Mi canal de Youtube esta estancado y quiero que elabores una estrategia para optimizar los ingresos del canal a partir de mis respuestas al siguiente cuestionario:

1. ¿Cuál es el nombre de tu canal de YouTube y cuál es su temática principal?
Respuesta:
El nombre de mi canal es "Cocina Sustentable con María". La temática principal es cocina saludable y sostenible, con énfasis en recetas ve-

getarianas y veganas que utilizan ingredientes locales y de temporada.

2. ¿Cuántos suscriptores tienes actualmente y cuál es el promedio de visualizaciones por video?
Respuesta:
Actualmente tengo 3,500 suscriptores. El promedio de visualizaciones por video es de 1,200.

3. ¿Con qué frecuencia publicas contenido nuevo en tu canal?
Respuesta:
Publico un video nuevo cada semana, generalmente los domingos por la mañana.

4. ¿Cuáles son tus fuentes de ingresos actuales en YouTube? (Por ejemplo: anuncios, membresías de canal, Super Chats, merchandising, patrocinios)
Respuesta:
Mis fuentes de ingresos actuales son anuncios de YouTube y ocasionalmente enlaces de afiliados a utensilios de cocina en la descripción de los videos.

5. ¿Cuál es tu audiencia objetivo? Describe sus características demográficas (edad, ubicación, intereses, etc.)
Respuesta:
Mi audiencia objetivo son adultos jóvenes (25-40 años) interesados en una alimentación saludable y sostenible, principalmente de áreas urbanas en países de habla hispana.

6. ¿Cuáles son los 3 videos más populares de tu canal? ¿Qué crees que los hace destacar?
Respuesta:
Mis 3 videos más populares son:

- "5 recetas fáciles con aguacate" (15,000 vistas)
- "Cómo hacer tu propia leche vegetal" (12,000 vistas)
- "Menú semanal vegano por menos de 30€" (10,000 vistas)

Creo que destacan por ofrecer soluciones prácticas y económicas.

7. ¿Utilizas otras plataformas de redes sociales para promocionar tu contenido de YouTube? Si es así, ¿cuáles?
Respuesta:
Utilizo Instagram para compartir fotos de mis recetas y hacer anuncios de nuevos videos. También tengo una cuenta en TikTok donde comparto versiones cortas de mis recetas.

8. ¿Tienes alguna colaboración con otros creadores de contenido o marcas?
Respuesta:
He colaborado con un par de pequeñas marcas locales de productos orgánicos, pero nada significativo hasta ahora.

9. ¿Cuáles son tus objetivos a corto plazo (próximos 6 meses) y a largo plazo (1-2 años) para tu canal?
Respuesta:
Objetivos a corto plazo: Alcanzar 10,000 suscriptores y aumentar las vistas promedio a 3,000 por video.

Objetivos a largo plazo: Llegar a 50,000 suscriptores y lanzar un libro de cocina digital.

10. ¿Has identificado algún desafío específico que esté limitando el crecimiento de tus ingresos?
Respuesta:
El principal desafío es la consistencia en las visualizaciones y la participación de la audiencia. Algunos videos funcionan muy bien, mientras que otros apenas reciben atención.

11. ¿Qué herramientas de análisis o SEO utilizas actualmente para tu canal?
Respuesta:
Utilizo YouTube Studio para análisis básicos y TubeBuddy para investigación de palabras clave y optimización de títulos y descripciones.

12. ¿Tienes algún presupuesto destinado para invertir en la mejora de tu canal o en marketing?
Respuesta:
Tengo un pequeño presupuesto de U$100 mensuales que podría invertir en mejorar el canal."

Respuesta IA (Chatbot):

Estrategia para optimizar los ingresos del canal:

1. Optimización de contenido:
- Analiza los videos más populares para identificar patrones en temas, títulos y miniaturas. Crea más contenido similar.

- Mejora los títulos y descripciones de los videos existentes y futuros utilizando palabras clave relevantes identificadas con TubeBuddy.
- Crea una serie regular, por ejemplo, "Menú semanal económico", que haya demostrado ser popular.

2. Mejora de la participación de la audiencia:
- Implementa llamadas a la acción consistentes en los videos, pidiendo a los espectadores que se suscriban y comenten.
- Responde activamente a los comentarios para fomentar la comunidad.
- Utiliza tarjetas y pantallas finales para promover otros videos relevantes y aumentar el tiempo de visualización.

3. Diversificación de ingresos:
- Lanza una membresía de canal ofreciendo beneficios como recetas exclusivas y sesiones de preguntas y respuestas en vivo.
- Crea un ebook de recetas básicas para vender a través de enlaces en la descripción de los videos.
- Busca activamente colaboraciones con marcas de alimentos orgánicos, utensilios de cocina sostenibles o servicios de entrega de ingredientes.

4. Expansión de la presencia en redes sociales:
- Aumenta la frecuencia de publicación en Instagram y TikTok a diario.
- Utiliza Instagram Stories para compartir consejos rápidos y promocionar los próximos videos de YouTube.

- Participa en desafíos de cocina en TikTok para aumentar la visibilidad.

5. Colaboraciones y networking:
- Busca colaboraciones con otros creadores de contenido de nichos relacionados (por ejemplo, fitness, sostenibilidad) para alcanzar nuevas audiencias.
- Participa en eventos locales de alimentación sostenible y comparte la experiencia en el canal.

6. Inversión en equipo y habilidades:
- Utiliza parte del presupuesto para mejorar la iluminación y el audio de los videos.
- Invierte en un curso de edición de video para mejorar la calidad y el atractivo visual del contenido.

7. Estrategia de contenido a largo plazo:
- Desarrolla una serie de videos educativos sobre sostenibilidad en la cocina para establecerte como una autoridad en el tema.
- Comienza a trabajar en el libro de cocina digital, utilizando el feedback de la audiencia para determinar qué recetas incluir.

8. Análisis y ajuste continuo:
- Utiliza YouTube Analytics para identificar los mejores momentos para publicar y ajusta el calendario en consecuencia.
- Realiza encuestas a la audiencia cada tres meses para entender mejor sus necesidades y preferencias.

9. Optimización para búsquedas:

- Crea una lista de las 50 preguntas más comunes sobre cocina sostenible y desarrolla videos que respondan a estas preguntas específicamente.
- Optimiza las miniaturas para que sean más atractivas.

10. Monetización adicional:
- Explora la posibilidad de ofrecer cursos en línea de cocina sostenible.
- Considera lanzar una línea de productos de cocina sostenible con tu marca.

Implementando esta estrategia de manera consistente y ajustándola según los resultados, deberías ver un aumento significativo en la participación de la audiencia y, por consiguiente, en los ingresos del canal en los próximos 6-12 meses.

Prompt: Escena surrealista en una playa al atardecer. Tres grandes marcos luminosos de colores neón (rosa, amarillo y verde) están de pie en la arena. Dos personas, un hombre con pelo rizado y una mujer de pelo recogido, están en primer plano. El hombre sostiene una claqueta de cine y la mujer un teléfono móvil. Equipo de filmación, incluyendo maletas y cámaras, esparcido en la arena. Cielo con tonos cálidos de atardecer, océano tranquilo al fondo. Estilo hiperrealista con iluminación dramática.

Escena 6: El Futuro de la IAudiovisual

6.1. Una visión onirico-realista

Imagina un mundo donde tus ideas más innovadoras cobran vida instantáneamente, donde la barrera entre concepción y creación se desvanece, permitiéndote materializar tus visiones con una rapidez y precisión antes inimaginables. Este es el futuro que me imagino de la IAudiovisual.

En este futuro, el proceso creativo comienza con una interfaz neuronal directa. Los creadores podrán proyectar sus ideas desde su mente a un sistema de IA avanzado. Imagina simplemente pensar en una escena épica de batalla espacial y ver cómo se materializa ante tus ojos, con cada detalle refinado por la IA en función de tus pensamientos y emociones. La tecnología de lectura de ondas cerebrales, combinada con sistemas de IA predictivos, interpretará tus impulsos creativos y los traducirá en imágenes, sonidos y narrativas complejas.

Los sets físicos y los estudios de grabación podrían convertirse en reliquias del pasado. En su lugar, tendremos entornos de producción completamente virtuales, generados y controlados por IA. Directores y actores de diferentes partes del mundo podrán colaborar en tiempo real en estos espacios virtuales, con la IA gestionando aspectos técnicos como la iluminación, el encuadre e incluso la dirección de actores virtuales indistinguibles de los reales.

Como director, ya no gritarás "¡Corten!" al final de una toma. En su lugar, simplemente pensarás en los cambios que deseas ver y la IA los implementará instantáneamente. ¿Quieres que el cielo sea más dramático? Piénsalo, y las nubes se oscurecerán. ¿Necesitas que el actor muestre más emoción? Un sutil ajuste neural, y la interpretación se intensificará sin necesidad de repetir la toma. Los editores del futuro son más bien "conductores de realidad". Utilizando interfaces neuronales directas, estos artistas manipulan el tejido mismo de la narrativa con el poder de su mente. Imagina poder "sentir" el ritmo de una escena y ajustarlo con un simple pensamiento, o explorar instantáneamente miles de variaciones de un corte con solo desearlo.

El concepto de "postproducción" tal como lo conocíamos ha desaparecido, transformándose en un flujo creativo continuo e instantáneo que fusiona la producción y la postproducción en un solo proceso fluido y dinámico. Prepárate para sumergirte en un mundo donde la línea entre la imaginación y la realidad se desvanece, donde tus ideas cobran vida en el instante en que las concibes. Imagina un set de rodaje donde las cámaras son solo el comienzo. Dispositivos cuánticos de captura multidimensional registran no solo imágenes y sonidos, sino también datos sobre el espacio, el tiempo, las emociones e incluso los pensamientos de los actores y el equipo. Estos datos alimentan un sistema de Inteligencia Artificial Creativa (IAC) que procesa y adapta el contenido en tiempo real.

El diseño de sonido ha evolucionado hacia la "arquitectura acústica emocional". Los diseñadores de sonido del futuro esculpen paisajes sonoros que no solo se oyen, sino que se sienten a nivel celular. Utilizando tecnología de resonancia cuántica, crean experiencias auditivas que pueden alterar estados de conciencia, evocar recuerdos olvidados o incluso inducir sinestesia controlada en el espectador. La música se compone en tiempo real, adaptándose no solo a la acción en pantalla, sino a las reacciones emocionales de la audiencia. Sistemas de IA musical analizan las ondas cerebrales colectivas de los espectadores y ajustan la partitura para maximizar el impacto emocional de cada escena. El doblaje y la localización se han vuelto verdaderamente universales. La tecnología de síntesis de voz cuántica permite que cualquier actor hable cualquier idioma con perfecta sincronización labial y entonación emocional. Más aún, la voz puede adaptarse para resonar de manera óptima con cada espectador individual, basándose en sus preferencias auditivas subconscientes.

La narración en sí misma experimentará una revolución. Las historias lineales darán paso a narrativas multidimensionales adaptativas. Imagina una película que no solo se ramifica en función de las elecciones del espectador, sino que se reescribe dinámicamente basándose en el perfil psicológico, las reacciones emocionales y el contexto cultural de cada espectador. Cada visionado será una experiencia única, personalizada hasta el más mínimo detalle.

La distinción entre diferentes medios - cine, televisión, videojuegos, realidad virtual - podría volverse obsoleta. En su lugar, emergerá un nuevo medio híbrido, una forma de entretenimiento inmersivo e interactivo que se adapta fluidamente a las preferencias y circunstancias del espectador. Una misma historia podría experimentarse como una película pasiva en un momento, un juego interactivo en otro, o una experiencia de realidad aumentada que se fusiona con el mundo real del espectador.

La distribución y exhibición de contenido se transformarán radicalmente. Los cines tradicionales podrían evolucionar hacia espacios de experiencia colectiva donde la IA coordina experiencias compartidas pero personalizadas. Imagina ver una película donde cada espectador experimenta una versión ligeramente diferente, adaptada a sus preferencias, pero sincronizada de tal manera que la experiencia compartida se mantiene.

La accesibilidad alcanzará nuevas alturas con la "traducción sensorial cruzada". Las películas pueden experimentarse no solo a través de la vista y el oído, sino a través de cualquier sentido. Una persona ciega puede "ver" la película a través de complejos patrones táctiles, mientras que alguien sordo puede "oír" la música a través de vibraciones cromáticas visuales. El concepto de "corte final" se vuelve fluido. Las películas son entidades vivas que evolucionan con cada visionado, aprendiendo y adaptándose en función de las reacciones colectivas de la audiencia. Una comedia podría volverse más divertida con el tiempo, refinando sus bromas en función de las risas acumuladas de millones de espectadores.

La creación de contenido se democratizará a niveles sin precedentes. Con herramientas de IA avanzadas, cualquier persona con una idea podrá crear contenido de calidad profesional. Simplemente describiendo una visión, la IA podrá generar secuencias completas, personajes fotorrealistas y paisajes sonoros complejos. Esto podría llevar a una explosión de creatividad, con millones de creadores independientes compitiendo en igualdad de condiciones con los grandes estudios.

La preservación y restauración del patrimonio cinematográfico alcanzará nuevas alturas. La IA no solo podrá restaurar películas antiguas a una calidad superior a la original, sino que podría "completar" obras inacabadas de directores fallecidos, basándose en su estilo y visión artística.

Sin embargo, este futuro deslumbrante de la IAudiovisual también plantea desafíos significativos. La cuestión de la autoría y los derechos de autor se volverá increíblemente compleja. ¿Quién es el verdadero creador cuando una IA genera gran parte del contenido basándose en indicaciones humanas? ¿Cómo protegemos la propiedad intelectual en un mundo donde cualquier estilo o idea puede ser replicado instantáneamente?

La ética de la creación y manipulación de imágenes y voces realistas planteará preguntas profundas sobre la autenticidad y la verdad en los medios. La capacidad de crear "deepfakes" perfectos podría tener implicaciones preocupantes para la desinformación y la manipulación social. Además, la personalización extrema del contenido podría llevar a la fragmentación de la experiencia cultural compartida. Si cada persona ve una versión diferente de una película, ¿perdemos el terreno común que el arte tradicionalmente ha proporcionado? El futuro de la IAudiovisual también planteará nuevos desafíos en términos de alfabetización mediática. Los espectadores necesitarán desarrollar habilidades críticas para navegar un paisaje mediático donde la realidad y la ficción se entremezclan de manera imperceptible.

A medida que avanzamos hacia este futuro fascinante y complejo, debemos recordar que la tecnología, por más avanzada que sea, sigue siendo una herramienta al servicio de la visión humana. El verdadero poder de la IAudiovisual no residirá en su capacidad para reemplazar la creatividad humana, sino en su potencial para amplificarla y liberarla de limitaciones técnicas y logísticas. El futuro de la IAudiovisual promete un renacimiento creativo, donde las únicas limitaciones serán las de nuestra imaginación. Nos permitirá contar historias más ricas, más personales y más impactantes que nunca. Pero también nos desafiará a repensar conceptos fundamentales sobre el arte, la autoría y la experiencia humana.

Con este poder viene una gran responsabilidad. Los "Guardianes de la Narrativa" emergen como una nueva profesión, éticos creativos que aseguran que la integridad de la historia y la visión artística se mantengan en medio de las infinitas posibilidades de adaptación. Como creador en esta nueva era, tu desafío ya no es dominar software o técnicas específicas. En su lugar, debes convertirte en un maestro de la posibilidad, un arquitecto de experiencias, un tejedor de realidades. Tu medio ya no es solo la luz y el sonido, sino la emoción, el pensamiento y el tiempo mismo.

Esta es mi película.

Una visión que puede o no materializarse, pero que nos invita a reflexionar. Como en toda producción cinematográfica, tenemos el poder de moldear el guion de nuestro futuro. Las implicaciones negativas de esta revolución tecnológica las podemos prevenir desde ahora, trabajando en marcos éticos y regulatorios que protejan la creatividad y la autonomía humanas. Por otro lado, los aspectos positivos los podemos fomentar, desarrollando tecnologías que realmente potencien nuestra capacidad creativa sin suplantarla. El mensaje central de esta "película" es claro: la inteligencia artificial debe ser nuestro asistente, no nuestro reemplazo. Como cineastas, editores, youtubers y creativos, nuestro desafío es dirigir esta producción llamada futuro, asegurándonos de que la magia del toque humano siempre tenga el papel protagónico. Al fin y al cabo, la más grande obra maestra siempre será aquella en la que la tecnología amplifica, pero nunca eclipsa, la visión del humano.

6.2. Personalización extrema de la experiencia

En la actualidad, ya estamos familiarizados con sistemas de recomendación básicos que sugieren contenido según nuestro historial de visualización. Sin embargo, lo que se avecina va mucho más allá. Imagina un sistema de IA que no solo recomienda qué ver, sino que personaliza cómo lo ves.

Comencemos con los tráilers. En un futuro cercano, cuando busques una nueva película, no verás un tráiler genérico. En su lugar, la IA analizará tu historial de visualización, tus reacciones emocionales a diferentes tipos de escenas (capturadas a través de tecnología de reconocimiento facial en tu dispositivo) e incluso tu estado de ánimo actual para crear un tráiler personalizado. Si eres fan de la acción, el tráiler destacará las secuencias más emocionantes; si te inclinas por el drama, se centrará en los momentos emotivos y el desarrollo de los personajes. Esta personalización aumentará significativamente las probabilidades de que te intereses por el contenido.

Pero la personalización no se detiene en el marketing. Imagina ver una película donde la banda sonora se ajusta dinámicamente a tus preferencias musicales. La IA podría analizar tu biblioteca de música y adaptar sutilmente la partitura para que resuene más contigo, sin comprometer la visión artística del compositor. Los efectos de sonido también podrían ajustarse según tu configuración de audio, optimizando la experiencia sonora, ya sea que estés usando auriculares de alta gama o los altavoces de tu televisor.

La narración interactiva llevará la personalización a un nuevo nivel. Imagina una serie donde tus decisiones no solo afectan el rumbo de la historia, como en los actuales programas interactivos, sino donde la IA adapta continuamente el tono, el ritmo e incluso los arcos de los personajes basándose en tus reacciones emocionales. Si el sistema detecta que ciertos tipos de escenas te aburren, podría ajustar dinámicamente el ritmo; si muestra que te has encariñado con un personaje secundario, podría darle más protagonismo en episodios futuros.

La tecnología de deepfake, combinada con IA avanzada, podría permitir la personalización visual extrema. Imagina ver una película donde los actores hablan tu idioma con un doblaje perfecto, con sus labios sincronizados impecablemente con el diálogo traducido. O piensa en la posibilidad de ajustar sutilmente la apariencia de los personajes para que se parezcan más a tu etnia o entorno cultural, haciendo que la historia se sienta más cercana y relevante para ti.

La realidad aumentada (AR) añadirá otra capa de personalización. Mientras ves contenido en tu dispositivo móvil o con gafas AR, la IA podría integrar elementos de tu entorno en la narrativa. Una escena de persecución podría desarrollarse en las calles de tu barrio, o un paisaje alienígena podría superponerse a la vista desde tu ventana, creando una experiencia inmersiva única.

Para los amantes del cine clásico, la IA ofrecerá la posibilidad de "modernizar" películas antiguas de manera personalizada. Podrías ver una versión de "Casablanca" en color, con efectos visuales actualizados y una resolución mejorada, todo adaptado a tus preferencias estéticas.

La personalización también se extenderá a cómo consumimos el contenido. La IA podría analizar tus patrones de visualización y sugerir el momento óptimo para disfrutar de cierto contenido. ¿Tienes 20 minutos libres entre reuniones? La IA podría recomendarte un episodio corto de una serie que se ajuste perfectamente a ese espacio de tiempo. ¿Es viernes por la noche y tus patrones indican que estás de humor para algo ligero? El sistema podría sugerir una comedia que se alinee con tu sentido del humor.

Incluso la forma en que se presenta el contenido podría personalizarse. Para espectadores con discapacidades visuales o auditivas, la IA podría ajustar automáticamente el contraste, el tamaño de los subtítulos o la mezcla de audio para optimizar la accesibilidad, sin necesidad de configuraciones manuales complicadas.

Sin embargo, con este nivel de personalización surgen desafíos éticos y creativos significativos. ¿Hasta qué punto compromete la adaptación del contenido la visión original del creador? ¿Cómo equilibramos la personalización con la experiencia compartida que tradicionalmente ha ofrecido el cine? ¿Estamos creando burbujas de filtro audiovisuales donde solo nos exponemos a contenido que refuerza nuestras preferencias existentes?

Además, la recopilación de datos necesaria para este nivel de personalización plantea serias preocupaciones sobre la privacidad. ¿Estamos dispuestos a permitir que los sistemas de IA analicen nuestras expresiones faciales, patrones de visualización e incluso nuestro entorno para mejorar nuestra experiencia de entretenimiento?

Como creadores y consumidores de contenido audiovisual, nos encontramos en la cúspide de una revolución en la forma en que interactuamos con las historias. La personalización extrema promete experiencias más inmersivas, relevantes y emocionalmente impactantes. Pero también nos desafía a repensar conceptos fundamentales sobre la narración, la autoría y la experiencia compartida del cine.

Paradójicamente, esta tendencia hacia la personalización extrema podría desencadenar un movimiento contrario significativo. A medida que la tecnología avanza, es probable que veamos el surgimiento de puristas audiovisuales que aboguen por un retorno a las formas más tradicionales de producción y consumo de contenido. Estos entusiastas valorarán la experiencia compartida y no modificada del cine clásico, argumentando que la visión original del creador debe preservarse sin alteraciones. Podrían surgir cines especializados que ofrezcan exclusivamente películas en su formato original, sin personalización alguna. Algunos creadores podrían optar por producir obras que explícitamente rechacen las tecnologías de personalización, enfatizando la autenticidad y la visión artística única. Esta dualidad podría enriquecer aún más el panorama audiovisual, ofreciendo a los espectadores no solo opciones en cuanto al contenido, sino también en cómo eligen experimentar ese contenido.

El futuro del entretenimiento audiovisual será un delicado baile entre la visión creativa, la tecnología de IA y las preferencias individuales del espectador. Como creador, tu desafío será crear narrativas lo suficientemente flexibles como para adaptarse a la personalización, pero lo suficientemente sólidas como para mantener su integridad artística. Como espectador, tendrás el poder de moldear tu experiencia de maneras sin precedentes, pero también la responsabilidad de buscar activamente contenido que te desafíe y amplíe tus horizontes.

6.3. Democratizando la creación audiovisual

La democratización de la tecnología ha sido un catalizador fundamental en la transformación del ámbito audiovisual. Lo que antes requería equipos costosos y conocimientos técnicos especializados ahora está al alcance de cualquier creador con una idea brillante y un smartphone. Las herramientas de IA han seguido este mismo camino, evolucionando desde complejos sistemas propietarios hasta aplicaciones intuitivas y accesibles que puedes descargar con un simple toque en tu pantalla.

Pero, ¿qué significa realmente esta accesibilidad para ti, como creador? En esencia, representa la posibilidad de competir en igualdad de condiciones con producciones de mayor envergadura. La IA no solo te permite optimizar tu flujo de trabajo, sino que también amplía los límites de lo que puedes crear. Desde la generación de guiones y storyboards hasta la postproducción y distribución, cada fase del proceso creativo puede beneficiarse de estas herramientas inteligentes.

Tomemos, por ejemplo, la fase de preproducción. Tradicionalmente, visualizar una escena compleja antes de filmarla requería habilidades artísticas considerables o la contratación de un equipo de diseño. Hoy en día, existen herramientas de IA que pueden generar conceptos visuales basados en descripciones textuales, permitiéndote experimentar con diferentes estilos y composiciones en cuestión de segundos. Esto no solo ahorra tiempo y recursos, sino que también te permite iterar y refinar tu visión creativa con una rapidez sin precedentes.

Es crucial entender que la accesibilidad de estas herramientas no implica una sustitución de la creatividad humana. Por el contrario, la IA actúa como un amplificador de tu visión creativa. Te libera de tareas repetitivas y técnicas, permitiéndote dedicar más tiempo y energía a lo que realmente importa: contar historias impactantes y crear experiencias audiovisuales memorables. La verdadera revolución no radica en la capacidad de la IA para replicar tareas humanas, sino en su potencial para inspirar nuevas formas de expresión artística. Como creador independiente, tienes la oportunidad de explorar territorios creativos inexplorados, fusionando tu visión única con las capacidades de estas herramientas inteligentes.

> ¿Qué historias podrías contar si tuvieras acceso a recursos ilimitados? ¿Cómo cambiaría tu proceso creativo si pudieras visualizar tus ideas instantáneamente?

La accesibilidad de las herramientas de IA promete democratizar aún más el proceso creativo. Estamos en el umbral de una era donde la única limitación será tu imaginación. Las barreras técnicas y financieras que alguna vez definieron quién podía crear contenido audiovisual de alta calidad están desapareciendo rápidamente. Muy pronto, podrías describir verbalmente una escena compleja y verla materializarse frente a tus ojos, lista para ser refinada y personalizada. O podrías colaborar en tiempo real con creadores de todo el mundo, utilizando herramientas de IA para superar barreras lingüísticas y culturales. Este futuro no es una fantasía lejana, sino una realidad emergente que está transformando la industria audiovisual tal como la conocemos.

En conclusión, la accesibilidad de las herramientas de IA para creadores independientes marca el comienzo de una nueva era en la producción audiovisual. Una era donde la creatividad y la innovación florecen sin las limitaciones tradicionales de presupuesto o recursos técnicos. Como creador, te encuentras en una posición única para aprovechar estas herramientas y redefinir los límites de lo posible en el arte audiovisual.

6.4. El papel de las grandes tecnológicas

Piensa por un momento en cómo consumías contenido hace apenas una década. La televisión tradicional y las salas de cine dominaban el panorama. Hoy, es más probable que estés haciendo streaming de tu serie favorita en tu smartphone mientras viajas en el metro o disfrutando de un blockbuster en tu tablet desde la comodidad de tu sofá. Este cambio radical en los hábitos de consumo no es una coincidencia; es el resultado directo de la incursión de las grandes tecnológicas en el terreno audiovisual.

Empresas como Amazon, Apple, Google y Facebook, que inicialmente se centraban en áreas como el comercio electrónico, los dispositivos móviles, los motores de búsqueda y las redes sociales, respectivamente, ahora están invirtiendo miles de millones en la creación y distribución de contenido audiovisual. ¿Por qué? Porque han reconocido que el contenido es el nuevo oro en la era digital y están utilizando sus vastos recursos y su dominio tecnológico para redefinir cómo se crea, distribuye y consume el contenido audiovisual.

La revolución que estas empresas están liderando va mucho más allá de simplemente ofrecer nuevas plataformas de streaming. Están cambiando fundamentalmente la estructura de la industria, desde la forma en que se financian los proyectos hasta cómo se mide el éxito de una producción. Los algoritmos de recomendación impulsados por inteligencia artificial están personalizando la experiencia del espectador a un nivel sin precedentes, influyendo no solo en lo que vemos, sino también en lo que se produce.

Netflix, aunque no es tradicionalmente considerada una "gran tecnológica", ha sido pionera en este nuevo paradigma. Su modelo de negocio, basado en el análisis de datos y la producción de contenido original, ha obligado a los estudios tradicionales y a las cadenas de televisión a repensar sus estrategias. Ahora, gigantes como Amazon Prime Video y Apple TV+ están siguiendo un camino similar, utilizando sus ecosistemas tecnológicos para crear experiencias de visualización únicas y contenido adaptado a las preferencias de cada usuario.

Pero el impacto de las grandes tecnológicas no se limita a la distribución y el consumo. Están revolucionando cada etapa del proceso de creación audiovisual. Los cineastas y productores ahora tienen acceso a herramientas de inteligencia artificial y aprendizaje automático que pueden analizar guiones, predecir el éxito de taquilla e incluso ayudar en la selección del reparto. La realidad virtual y aumentada, tecnologías en las que empresas como Meta están invirtiendo fuertemente, prometen transformar la narrativa audiovisual, ofreciendo experiencias inmersivas que difuminan las líneas entre el espectador y el contenido.

Sin embargo, este nuevo paradigma no está exento de desafíos y preocupaciones. La concentración de poder en manos de unas pocas empresas tecnológicas plantea cuestiones sobre la diversidad del contenido y la libertad creativa. ¿Cómo aseguramos que las voces independientes y las historias únicas no se pierdan en un mar de contenido algorítmicamente optimizado? Además, surgen preocupaciones sobre la privacidad y el uso de datos personales para influir en nuestras elecciones de entretenimiento.

Por esto es crucial que, como creadores y consumidores, mantengamos un diálogo abierto sobre el equilibrio entre innovación y preservación de los valores fundamentales del arte. La creatividad humana, la autenticidad y la diversidad cultural deben seguir siendo el corazón de la narración audiovisual, incluso cuando abrazamos las posibilidades que la tecnología nos ofrece. Las grandes tecnológicas están invirtiendo enormes recursos en investigación y desarrollo, empujando los límites de lo que es posible en el ámbito audiovisual. La convergencia de tecnologías como el 5G, la computación cuántica y la inteligencia artificial promete desbloquear posibilidades que hoy en día parecen ciencia ficción.

Las grandes tecnológicas están reescribiendo las reglas del juego en el sector audiovisual, pero eres tú, como creador, quien tiene el poder de dar forma a este nuevo paradigma. La clave está en mantenerse informado, adaptarse a las nuevas tecnologías y, lo más importante, no perder de vista la esencia de lo que hace que una historia sea poderosa y resonante. En última instancia, el futuro del audiovisual será el resultado de un delicado equilibrio entre la innovación tecnológica y la creatividad humana. Las grandes tecnológicas están proporcionando las herramientas y las plataformas, pero son los creadores quienes darán vida a las historias que definirán esta nueva era.

6.5. Reducir la huella de carbono

En un mundo cada vez más consciente de la crisis climática, la industria audiovisual se encuentra en una encrucijada. Por un lado, tiene el poder de inspirar y educar a millones sobre la importancia de la sostenibilidad. Por otro, es una industria que tradicionalmente ha tenido una huella de carbono significativa. Desde los viajes internacionales para locaciones exóticas hasta el consumo energético de los equipos de iluminación y los centros de datos que almacenan y transmiten contenido digital, la producción audiovisual tiene un impacto ambiental considerable. Sin embargo, en esta era de innovación tecnológica, surge una aliada inesperada en la lucha por la sostenibilidad: la inteligencia artificial.

Imagina un set de filmación donde los generadores diésel han sido reemplazados por sistemas de energía inteligentes que optimizan el uso de fuentes renovables, o un estudio de postproducción donde los renders que antes tomaban días ahora se completan en horas, consumiendo una fracción de la energía. Estos escenarios no son ciencia ficción; son realidades emergentes gracias a la aplicación de la IA en la producción audiovisual.

La IA está transformando cada etapa del proceso de creación audiovisual y, con ello, ofrece oportunidades sin precedentes para reducir su impacto ambiental. Comencemos por la preproducción. Los algoritmos de IA pueden analizar guiones y storyboards para crear planes de rodaje optimizados que minimicen los desplazamientos y maximicen la eficiencia en el uso de recursos. Estos sistemas pueden predecir con precisión las necesidades de equipamiento y personal para cada día de rodaje, reduciendo el desperdicio y el exceso de transporte.

Durante la producción, la IA está revolucionando la gestión de recursos en el set. Sistemas de iluminación inteligentes pueden ajustarse automáticamente para proporcionar la iluminación óptima con el mínimo consumo energético. Cámaras equipadas con IA pueden optimizar sus configuraciones en tiempo real, reduciendo la necesidad de múltiples tomas y, por ende, el tiempo de rodaje y el consumo de energía asociado.

Sin embargo, es quizás en la postproducción donde el impacto de la IA en la reducción de la huella de carbono es más evidente. Los procesos de renderizado, que tradicionalmente han sido intensivos en consumo energético, están siendo revolucionados por algoritmos de aprendizaje profundo. Estas tecnologías pueden reducir drásticamente el tiempo de renderizado, lo que se traduce directamente en un menor consumo de energía. Además, la IA permite la creación de efectos visuales cada vez más realistas sin necesidad de costosos y contaminantes rodajes en locación.

La distribución y exhibición de contenido audiovisual también están experimentando una transformación sostenible gracias a la IA. Los algoritmos de compresión basados en IA permiten la transmisión de contenido de alta calidad con un ancho de banda significativamente menor, reduciendo la energía necesaria para el almacenamiento y la transmisión de datos. Las plataformas de streaming están utilizando IA para optimizar la distribución de contenido, reduciendo la duplicación innecesaria de datos y minimizando el consumo energético de los centros de datos.

Pero la aplicación de la IA para reducir la huella de carbono en la producción audiovisual va más allá de la mera eficiencia energética. Está cambiando fundamentalmente la forma en que pensamos sobre la producción de contenido. Por ejemplo, la tecnología de captura de movimiento impulsada por IA permite la creación de escenas multitudinarias o de acción sin necesidad de grandes grupos de extras o peligrosas acrobacias, reduciendo tanto los costos como el impacto ambiental.

Los asistentes virtuales impulsados por IA están ayudando a los equipos de producción a tomar decisiones más sostenibles en tiempo real. Desde sugerir alternativas de transporte de bajo impacto hasta optimizar el uso de recursos en el set, estos sistemas integran la sostenibilidad en cada decisión del proceso creativo.

Sin embargo, es importante reconocer que la implementación de estas tecnologías de IA también conlleva su propio costo energético. El entrenamiento de modelos de aprendizaje profundo y el funcionamiento de los sistemas de IA requieren una cantidad significativa de poder computacional. Por lo tanto, es crucial que la industria audiovisual adopte un enfoque holístico, considerando el impacto neto de estas tecnologías en su huella de carbono.

La buena noticia es que la IA también puede ayudar en este aspecto. Los algoritmos de optimización pueden encontrar el equilibrio óptimo entre el uso de IA y el ahorro energético, asegurando que cada aplicación de la tecnología resulte en una reducción neta de las emisiones de carbono.

El potencial de la IA para crear una industria audiovisual más sostenible es inmenso. La transición hacia una producción audiovisual más sostenible no es solo una responsabilidad ética, sino también una oportunidad creativa y económica. Las producciones que adopten estas tecnologías no solo reducirán su impacto ambiental, sino que también podrán beneficiarse de ahorros significativos en costos operativos a largo plazo.

Son pequeños pasos, pero cada uno cuenta en nuestra misión de crear un futuro audiovisual más sostenible. Es cierto que la implementación de sistemas de IA requiere una inversión inicial de recursos y energía, y algunos pueden argumentar que esto contradice nuestro objetivo de reducir la huella de carbono. Sin embargo, es crucial entender que estos son pasos necesarios en un camino más largo hacia la sostenibilidad. Cada algoritmo optimizado, cada renderizado más eficiente, cada viaje evitado gracias a la producción virtual, se suma para crear un impacto positivo neto a lo largo del tiempo. La clave está en la persistencia y la mejora continua.

A medida que refinamos nuestras tecnologías de IA, su eficiencia energética mejora, amplificando su potencial para reducir emisiones en toda la cadena de producción audiovisual. No se trata de una transformación de la noche a la mañana, sino de un compromiso constante con la innovación sostenible. Cada pequeño paso que damos hoy, por insignificante que pueda parecer, está pavimentando el camino hacia un mañana donde la creación audiovisual y la conservación del planeta no solo coexistan, sino que se refuercen mutuamente. Como creadores, tenemos la responsabilidad y el privilegio de ser parte de este cambio, demostrando que, con perseverancia e ingenio, la tecnología puede ser una poderosa aliada en nuestra lucha por un planeta más saludable.

6.6. Ética y Regulación de la IA en el Audiovisual

La inteligencia artificial ha irrumpido como una fuerza transformadora en el vertiginoso mundo de la producción audiovisual, prometiendo eficiencia, creatividad y nuevas posibilidades narrativas. Sin embargo, con cada avance tecnológico surgen interrogantes éticos que desafían nuestras nociones sobre la creación artística, la autenticidad y la responsabilidad social. A medida que la IA se integra más profundamente en cada etapa de la producción audiovisual, desde la generación de guiones hasta la postproducción y la distribución, nos encontramos en un terreno inexplorado, navegando por un laberinto de dilemas morales y legales.

Una de las primeras cuestiones a considerar es quién tiene el derecho de autor cuando se utiliza inteligencia artificial para crear contenido. ¿Es el creador de la IA? ¿El usuario que configura la herramienta? ¿O tal vez, en algunos casos, la IA misma? Actualmente, la ley no reconoce a las IA como sujetos de derechos, por lo que las obras generadas por estas suelen ser atribuidas al ser humano que ha utilizado la herramienta. Sin embargo, esto varía según la legislación de cada país y las circunstancias específicas del caso. Algunos países permiten que el usuario de la IA sea considerado el autor, mientras que otros aplican restricciones más complejas sobre este tipo de trabajos.

A medida que los sistemas de IA se vuelven más sofisticados, los derechos de los creadores humanos también pueden verse amenazados. Por ejemplo, ¿qué sucede cuando una IA genera una obra que es sorprendentemente similar a una creación existente? Si el algoritmo ha sido entrenado utilizando grandes cantidades de datos provenientes de obras protegidas por derechos de autor, ¿se está violando la propiedad intelectual? Estos temas están actualmente en debate en tribunales de todo el mundo, y es probable que las leyes deban ajustarse para abordar estos nuevos desafíos.

Además, el uso de obras protegidas en el entrenamiento de IA es un punto crucial en esta discusión. Muchas IA generan contenido a partir de la información que han aprendido al analizar grandes volúmenes de datos, que a menudo incluyen imágenes, videos, música y otros materiales protegidos por derechos de autor. Si bien algunos sostienen que este uso entra dentro de las limitaciones del "uso justo", dependiendo de la jurisdicción, otros argumentan que esto representa una infracción de los derechos de los creadores originales. Las leyes actuales no siempre están equipadas para manejar estas complejidades, creando un área legal tono gris.

Otro aspecto relevante es cómo proteger las obras originales frente a la producción masiva de contenido generado por IA. En un escenario donde las IA pueden generar miles de versiones diferentes de un mismo concepto o estilo, el valor de la obra original podría diluirse. Los creadores deben ser conscientes de que la protección de su trabajo puede volverse más difícil en un entorno donde las barreras de entrada para la creación se han reducido drásticamente. Sin embargo, hay un equilibrio que se puede alcanzar. Si bien es cierto que la IA plantea desafíos, también ofrece herramientas para salvaguardar nuestros derechos. Por ejemplo, tecnologías basadas en blockchain ya se utilizan para crear registros inmutables de propiedad sobre obras digitales, permitiendo a los artistas y creadores registrar sus trabajos y rastrear el uso no autorizado de los mismos. En este sentido, la IA no solo representa un desafío, sino también una oportunidad para reforzar los sistemas de protección de derechos de autor.

La representación y los sesgos son un campo minado ético que la industria debe navegar cuidadosamente. Los algoritmos de IA, entrenados en datos históricos, corren el riesgo de perpetuar y amplificar sesgos existentes en términos de género, raza y representación cultural. Como creadores, tenemos la responsabilidad de cuestionar y corregir estos sesgos, asegurando que la IA se convierta en una herramienta para la inclusión y la diversidad.

El impacto en el empleo y las habilidades tradicionales del oficio audiovisual es otra consideración ética importante. A medida que la IA asume tareas que antes requerían años de experiencia humana, ¿cómo equilibramos la eficiencia y la innovación con la preservación de oficios artesanales y el sustento de los profesionales del sector?

Es probable que veamos un aumento en la regulación específica de la IA en la industria audiovisual. Esto podría incluir:

- Requisitos de transparencia: Obligación de divulgar el uso de IA en la creación de contenido, especialmente en lo que respecta a deepfakes o contenido generado sintéticamente.

- Estándares éticos: Establecimiento de pautas industriales para el uso ético de la IA, abordando cuestiones como el consentimiento, la representación y los sesgos.

- Protecciones laborales: Legislación para proteger a los trabajadores del sector audiovisual cuyos trabajos puedan verse afectados por la automatización impulsada por IA.

- Derechos de autor y propiedad intelectual: Nuevas leyes o interpretaciones de las existentes para abordar la autoría y los derechos sobre el contenido generado por IA.

- Responsabilidad algorítmica: Marcos legales para determinar la responsabilidad en casos de daños o infracciones causadas por sistemas de IA en la producción audiovisual.

Como creadores y profesionales de la industria audiovisual, tenemos la responsabilidad de participar activamente en estos debates éticos y en la formulación de políticas. No podemos permitirnos ser meros espectadores en un cambio que está redefiniendo los cimientos de nuestra industria.

La ética en el uso de la IA no debe verse como un obstáculo para la innovación, sino como un componente esencial de ella. Al abordar proactivamente estos desafíos éticos, no solo protegemos los valores fundamentales de nuestra industria, sino que también construimos la confianza del público en las nuevas tecnologías, allanando el camino para una adopción más amplia y beneficiosa de la IA en el ámbito audiovisual.

El futuro de la producción audiovisual será moldeado por cómo navegamos estos desafíos éticos hoy. Cada decisión que tomamos y cada línea que trazamos entre lo aceptable y lo cuestionable está sentando las bases para las generaciones futuras de creadores. La pregunta no es si la IA transformará nuestra industria, sino cómo aseguramos que esta transformación se alinee con nuestros valores éticos y artísticos más profundos.

Prompt: Calle europea antigua al anochecer con una mezcla de elementos futuristas. En primer plano, dos jóvenes cineastas agachados junto a una cámara en trípode, filmando. Holograma gigante de un cuerpo humano translúcido azul brillante flotando sobre la calle. Edificios clásicos con balcones y arcos a ambos lados, iluminados cálidamente. Faroles de época encendidos. Personajes robóticos y humanos caminando por la calle. Cielo nublado y oscuro. Equipo de filmación disperso en el suelo, incluyendo cajas de equipo y claquetas. Pavimento de adoquines. Atmósfera mágica y surrealista que combina lo antiguo con lo futurista. Estilo hiperrealista con iluminación cinematográfica.

Escena 7: Hacia una Nueva Era Audiovisual

En el umbral de una revolución sin precedentes, la industria audiovisual se enfrenta a un panorama de posibilidades infinitas y desafíos transformadores. La convergencia de la inteligencia artificial, la realidad virtual, el blockchain y otras tecnologías emergentes está redefiniendo la manera en que creamos, distribuimos y experimentamos el contenido audiovisual. Este capítulo se sumerge en las profundidades de esta nueva era, explorando cómo estas innovaciones no solo están cambiando las herramientas a nuestra disposición, sino que también están redefiniendo fundamentalmente la naturaleza misma de la narrativa y la experiencia audiovisual.

7. 1. Sinergia entre inteligencia artificial y humana

En el universo del audiovisual, donde la creatividad y la tecnología convergen para dar vida a historias cautivadoras, nos encontramos en el umbral de una nueva era. Esta era no se trata de una competencia entre la inteligencia artificial (IA) y la inteligencia humana, sino de una danza en perfecta armonía, creando una sinergia que promete revolucionar nuestra industria.

Imaginemos la película del futuro. Un director de fotografía ajusta meticulosamente la iluminación mientras consulta con un asistente virtual de IA que sugiere configuraciones óptimas basadas en el estado de ánimo de la escena. En la sala de edición, un montador trabaja mano a mano con un software de IA que anticipa sus decisiones creativas, acelerando el proceso sin comprometer la visión artística.

Este no es un futuro lejano; es el presente emergente de nuestra industria audiovisual.

Para comprender plenamente cómo debe ser esta sinergia, es crucial revisar brevemente nuestro camino hasta aquí. Desde los primeros días del cine mudo hasta la era digital actual, nuestra industria ha sido testigo de innumerables revoluciones tecnológicas. Cada avance, desde la introducción del sonido sincronizado hasta los efectos visuales generados por computadora, ha ampliado nuestras posibilidades creativas. La IA representa el siguiente gran salto en esta evolución continua.

La clave para una sinergia efectiva entre la IA y la inteligencia humana radica en comprender que estas tecnologías no están aquí para reemplazarnos, sino para potenciarnos. Considera a la IA como un colaborador incansable, capaz de procesar vastas cantidades de información y realizar tareas repetitivas con una precisión inhumana. Esto libera tu mente creativa para enfocarte en lo que realmente importa: la visión artística, la narrativa emocional y la innovación conceptual.

Imagina, por ejemplo, un sistema de IA que pueda generar automáticamente varias opciones de storyboard basadas en tu guion. Como director, podrías revisar rápidamente estas opciones, seleccionar las que mejor se alinean con tu visión y luego refinarlas. Este proceso no solo ahorra tiempo valioso, sino que también puede inspirarte a considerar ángulos o composiciones que quizás no habrías contemplado inicialmente.

Asimismo, la IA puede revolucionar la posproducción. Los sistemas de aprendizaje profundo pueden analizar horas de metraje en minutos, etiquetando automáticamente escenas, identificando las mejores tomas e incluso sugiriendo cortes basados en el ritmo emocional de la narrativa. Como editor, esto te permite comenzar con un primer corte mucho más refinado, dedicando más tiempo a los matices creativos que realmente definen la calidad del trabajo.

Sin embargo, es fundamental recordar que la IA, por muy avanzada que sea, carece de la chispa única de la creatividad humana. No puede replicar tus experiencias vividas, tu intuición artística o tu capacidad para conectar emocionalmente con la audiencia. La verdadera magia ocurre cuando combinamos el poder de procesamiento y análisis de la IA con tu visión creativa única.

La sinergia ideal entre la IA y la inteligencia humana en el audiovisual debe ser una danza fluida, donde cada parte complementa las fortalezas de la otra. La IA maneja las tareas repetitivas, el análisis de datos y la generación de opciones, mientras que tú, el creador humano, tomas las decisiones finales, aportas el contexto emocional y das vida a la visión artística. El futuro del audiovisual es brillante, y juntos, humanos y máquinas, estamos listos para escribir su próximo capítulo emocionante.

Para alcanzar esta sinergia perfecta con la inteligencia artificial, es fundamental que, como creadores audiovisuales, cultivemos y potenciemos ciertas virtudes y habilidades únicas del ser humano. La empatía, por ejemplo, es una cualidad invaluable que nos permite conectar emocionalmente con nuestras historias y personajes de una manera que la IA aún no puede replicar. La intuición creativa, esa chispa que nos lleva a tomar decisiones artísticas audaces e inesperadas, es otra fortaleza que debemos nutrir. Además, nuestra capacidad de pensamiento lateral y resolución creativa de problemas nos permite abordar desafíos de producción de maneras innovadoras que pueden sorprender incluso a los algoritmos más avanzados. Al desarrollar estas habilidades, no solo mejoramos nuestra propia creatividad, sino que también aprendemos a aprovechar al máximo las herramientas de IA a nuestra disposición.

Sin embargo, también es importante aprender a controlar y dosificar el uso de la inteligencia artificial en nuestro proceso creativo. La clave está en establecer un equilibrio saludable, utilizando la IA como un potenciador de nuestra creatividad, no como un sustituto de ella. Debes ser consciente de cuándo la IA está ampliando tus capacidades y cuándo podría estar limitando tu visión artística. Establece límites claros: utiliza la IA para tareas de investigación, generación de ideas iniciales u optimización de procesos, pero reserva las decisiones creativas finales para ti mismo. Mantén siempre una mirada crítica sobre las sugerencias de la IA, cuestionándolas y refinándolas según tu instinto artístico. Recuerda, la tecnología está aquí para servirte a ti y a tu visión, no al revés. Al mantener este enfoque consciente y equilibrado, podrás cosechar los beneficios de la IA sin comprometer la autenticidad y la originalidad que hacen que tu trabajo sea verdaderamente tuyo.

A medida que avanzamos en esta nueva era, te invito a abrazar estas tecnologías con una mente abierta y un corazón creativo. Explora, experimenta y, sobre todo, recuerda siempre que la CREATIVIDAD ES LA REINA. La IA es tu aliada en este viaje creativo, una herramienta que te permite llevar tus ideas más allá de lo que alguna vez imaginaste posible. El futuro del audiovisual es brillante, y juntos, humanos y máquinas, estamos listos para escribir su próximo capítulo emocionante.

7.2. Habilidades esenciales para los profesionales

El panorama de la industria audiovisual está experimentando una transformación radical. Como creador, te encuentras en el epicentro de esta revolución tecnológica, donde las fronteras entre lo humano y lo artificial se desdibujan cada vez más. En este nuevo mundo, ¿cuáles son las habilidades que te permitirán no solo sobrevivir, sino prosperar?

Imagina que estás en una sala de postproducción en el año 2030. A tu alrededor, sistemas de IA analizan el metraje, sugieren cortes y generan efectos visuales en tiempo real. Tu rol ya no es solo operar estas herramientas, sino dirigir una sinfonía de inteligencias artificiales para crear algo único. En este escenario, tu valor no reside en la realización de tareas técnicas, sino en tu visión creativa, tu criterio y tu capacidad para colaborar de manera innovadora con la tecnología.

La primera habilidad esencial que debes desarrollar es la adaptabilidad tecnológica. En un mundo donde las herramientas evolucionan a un ritmo vertiginoso, tu capacidad para aprender rápidamente y ajustarte a nuevos sistemas será crucial. Esto no significa que debas convertirte en un experto en programación de IA, pero sí en comprender cómo funcionan estas tecnologías y cómo integrarlas en tu flujo de trabajo creativo. La curiosidad tecnológica y la disposición a experimentar con nuevas herramientas serán claves para mantenerte relevante.

Junto a la adaptabilidad, la alfabetización en IA se convertirá en una habilidad indispensable. Deberás entender los principios básicos de cómo funciona la IA, sus capacidades y sus limitaciones. Esto te permitirá tomar decisiones informadas sobre cuándo y cómo usar herramientas de IA en tus proyectos y comunicarte eficazmente con especialistas en IA y desarrolladores. Considera la posibilidad de tomar cursos o talleres que te familiaricen con los fundamentos de la IA, especialmente aquellos específicos para la industria audiovisual.

A medida que la IA asume tareas técnicas, tus habilidades creativas y conceptuales serán cada vez más valiosas. La creatividad innovadora será tu distintivo como profesional. Esto implica no solo generar ideas originales, sino también la capacidad de combinar conceptos de maneras inesperadas y ver conexiones que otros, incluida la IA, podrían pasar por alto. Cultiva esta creatividad explorando diversas formas de arte, exponiéndote a nuevas experiencias y desafiándote constantemente a pensar fuera de lo convencional.

La narración emocional será otra habilidad crucial. Aunque la IA puede generar tramas y diálogos, la capacidad de crear historias que resuenen emocionalmente con el público seguirá siendo un dominio fundamentalmente humano. Desarrolla tu habilidad para comprender y transmitir emociones complejas, crear personajes multidimensionales y tejer narrativas que toquen el corazón de las personas. La empatía y la observación del mundo a tu alrededor fortalecerán esta capacidad.

En un mundo automatizado, tus habilidades de pensamiento crítico y resolución creativa de problemas serán invaluables. La capacidad de analizar situaciones complejas, evaluar enfoques distintos y encontrar soluciones innovadoras te diferenciará de las máquinas. Cuestiona supuestos, considera múltiples perspectivas y sintetiza información de diversas fuentes. Estas habilidades de orden superior serán tu ventaja competitiva en una industria transformada por la IA.

La colaboración y la inteligencia emocional también serán fundamentales. A medida que los equipos se diversifican, incluyendo tanto colaboradores humanos como sistemas de IA, tu capacidad para trabajar eficazmente con otros, comunicar ideas con claridad y gestionar relaciones complejas será esencial. Desarrolla habilidades de liderazgo, empatía y escucha activa. Aprende a facilitar la colaboración entre humanos y máquinas, convirtiéndote en un puente entre el mundo creativo y el tecnológico.

La ética y el juicio se volverán habilidades cada vez más demandadas en la era de la IA. A medida que enfrentes decisiones sobre el uso de la tecnología en tus proyectos, necesitarás una sólida brújula ética. Desarrolla la capacidad de evaluar las implicaciones éticas de tus decisiones creativas y tecnológicas. Familiarízate con los debates en torno a la ética en IA y participa en discusiones sobre cómo usar la tecnología de manera responsable dentro de nuestra industria.

Finalmente, la gestión de datos y la alfabetización analítica serán habilidades clave. En un mundo donde los datos impulsan decisiones creativas y de negocio, necesitarás ser capaz de interpretar y utilizar datos de manera efectiva. Aprende a leer e interpretar análisis de audiencia y utiliza datos para informar tus decisiones creativas sin dejar que dominen tu instinto artístico.

El futuro del profesional del audiovisual es emocionante y desafiante. Mientras que la IA asumirá muchas tareas técnicas, abrirá nuevas fronteras para la creatividad humana. Tus habilidades esenciales no girarán en torno a competir con la IA, sino en complementarla y dirigirla. Al desarrollar esta combinación única de habilidades técnicas, creativas y humanas, estarás preparado no solo para sobrevivir en la era de la IA, sino para liderar y definir el futuro de nuestra industria.

7.3. Nuevas profesiones en la Inteligencia Audiovisual

A lo largo de los años, hemos sido testigos del nacimiento y evolución de roles que hoy son esenciales, pero que hace tiempo no existían. De manera similar, la IA está generando nuevas oportunidades y trayectorias profesionales. Estos roles no reemplazan la creatividad ni el talento humano, sino que los potencian, permitiendo a los profesionales concentrar su energía en lo que verdaderamente importa: la innovación y el arte. Las nuevas profesiones que están emergiendo son un reflejo de cómo la IA puede automatizar tareas técnicas, liberar tiempo y crear espacio para una mayor exploración artística.

Uno de los roles más notables que surgirá es el del Curador de Contenido Generado por IA. Este profesional será responsable de gestionar el contenido creado por algoritmos, ajustándolo para que se alinee con las metas narrativas y artísticas de un proyecto. En lugar de generar manualmente cada detalle, el curador seleccionará, ajustará y supervisará las creaciones generadas por IA, asegurando que el producto final mantenga una esencia humana. Este trabajo es una combinación única entre técnica y creatividad.

Otra profesión clave es la del Diseñador de Experiencias Interactivas con IA, quien se encargará de crear experiencias inmersivas utilizando inteligencia artificial, abarcando desde realidad aumentada hasta interacciones personalizadas con el espectador. La IA permitirá construir experiencias que responden en tiempo real a las decisiones de la audiencia, ofreciendo nuevas formas de narrar historias. El potencial en este campo es ilimitado, y solo quienes puedan unir técnica y arte podrán aprovecharlo plenamente.

Los Ingenieros de IA para Producción Audiovisual también cobrarán relevancia. Estos profesionales se dedicarán a desarrollar y adaptar sistemas de inteligencia artificial específicamente para la creación de películas, series y anuncios. Trabajarán para optimizar herramientas de IA que faciliten procesos como el reconocimiento de patrones en la edición, la creación automática de efectos visuales o la generación de animaciones. Su trabajo será esencial para garantizar que las soluciones tecnológicas sean eficaces y accesibles para los creativos.

Asimismo, el Especialista en Ética de IA Audiovisual desempeñará un papel crucial al supervisar que el uso de estas tecnologías sea responsable, asegurando que se respeten los derechos de los artistas y creadores humanos. A medida que la IA avanza, surgen preocupaciones éticas sobre la autoría y la integridad creativa, por lo que este rol es fundamental para mantener un balance justo entre lo que la IA aporta y lo que los creadores humanos ofrecen.

Si observamos el contexto histórico, recordamos cómo la introducción de tecnologías como el sonido o el color cambió radicalmente los roles en la producción audiovisual. Lo mismo ocurre hoy con la IA. Estas transformaciones no son lineales ni sencillas, pero, al igual que en el pasado, aquellos que sepan adaptarse encontrarán nuevas oportunidades para crecer profesionalmente. El futuro de la IA en el audiovisual nos lleva a imaginar cómo estas profesiones seguirán evolucionando, probablemente generando roles que ni siquiera imaginamos hoy. La capacidad de las IA para aprender y adaptar sus habilidades sugiere que siempre habrá nuevas áreas donde el ingenio humano pueda brillar.

Estas nuevas profesiones no deben verse como reemplazos, sino como oportunidades para colaborar con la tecnología y alcanzar metas aún más ambiciosas. El poder de la IA radica en su capacidad para liberar nuestro tiempo, dándonos la oportunidad de soñar más allá de lo que antes era posible.

A medida que continuamos explorando el potencial de la IA en el sector audiovisual, es esencial mantener una perspectiva ética y creativa. El futuro está lleno de oportunidades para quienes estén dispuestos a aprender y adaptarse. Las nuevas profesiones que surgen son solo el comienzo, y lo más emocionante es que, al integrar la IA de manera responsable y creativa, estamos expandiendo los horizontes de lo que es posible en el arte y la narración audiovisual.

7.4. Modelos de negocio emergentes

En la era digital, el panorama para los creadores de contenido audiovisual se ha expandido exponencialmente, ofreciendo un abanico de oportunidades que antes eran inimaginables. La convergencia entre la creatividad humana y la inteligencia artificial ha abierto nuevas puertas, permitiendo que incluso creadores independientes puedan competir en un mercado global.

Una de las ideas más prometedoras es la creación de contenido personalizado a escala. Imagina poder producir videos adaptados a las preferencias individuales de cada espectador. Con la ayuda de la IA, puedes analizar los datos de visualización de tu audiencia y generar variantes de tu contenido que resuenen con diferentes segmentos. Por ejemplo, podrías crear múltiples finales para un cortometraje y permitir que la IA seleccione el más adecuado para cada espectador basándose en sus preferencias previas.

La monetización del contenido archivado es otra área con un potencial enorme. Como creador, es probable que tengas horas de metraje sin utilizar. Con la ayuda de la IA, puedes dar nueva vida a este contenido. Imagina una plataforma que utilice algoritmos de IA para analizar tu archivo, identificar clips interesantes y recontextualizarlos en nuevas piezas de contenido. Podrías crear una serie de "mejores momentos" personalizada para cada suscriptor, o generar contenido de nicho para audiencias específicas.

Otra oportunidad fascinante es la creación de avatares digitales impulsados por IA. Podrías ofrecer a otros creadores la posibilidad de tener un "doble digital" que presente contenido, realice entrevistas o incluso actúe en producciones las 24 horas del día, los 7 días de la semana. Esta tecnología no solo amplía las posibilidades creativas, sino que también permite a los creadores estar "presentes" en múltiples proyectos simultáneamente, mejorando la eficiencia y el alcance.

Otra idea innovadora es la creación de contenido audiovisual educativo adaptativo. Imagina una serie de tutoriales que se ajusten en tiempo real al ritmo de aprendizaje del espectador. La IA podría analizar la comprensión del usuario a través de micro-cuestionarios y ajustar la profundidad y el ritmo del contenido en consecuencia. Esto no solo mejoraría la experiencia de aprendizaje, sino que también abriría nuevas vías de monetización en el creciente mercado de la educación en línea.

Para implementar esta idea, podrías combinar una plataforma de creación de cursos en línea como Teachable con un sistema de IA para el análisis del aprendizaje. Podrías usar un prompt como este para generar preguntas de evaluación:

"Genera un conjunto de 5 preguntas de opción múltiple para evaluar la comprensión de un estudiante sobre las técnicas básicas de iluminación en fotografía. Las preguntas deben cubrir los conceptos de luz dura vs. suave, temperatura de color, y posicionamiento de las fuentes de luz. Incluye una mezcla de preguntas fáciles, medias y difíciles."

Otro modelo es el de los estudios virtuales impulsados por IA. Estos espacios digitales están revolucionando la forma en que se conciben y producen las producciones audiovisuales. Con la ayuda de la IA, es posible crear entornos fotorrealistas que se adaptan en tiempo real a las necesidades de la narrativa. Esto no solo reduce drásticamente los costos asociados con la construcción de sets físicos, sino que también amplía las posibilidades creativas más allá de los límites de la realidad física.

En el ámbito de la publicidad, la IA está facilitando la creación de contenido de marca hiper-personalizado. Los creadores pueden utilizar herramientas de IA para generar múltiples versiones de un anuncio, cada una adaptada a un segmento demográfico específico o incluso a individuos concretos. Esto no solo aumenta la eficacia de las campañas publicitarias, sino que también abre nuevas vías de ingresos para los creadores de contenido.

El futuro de estas ideas de negocio es tan emocionante como prometedor. A medida que la IA continúe evolucionando, surgirán nuevas posibilidades que hoy ni siquiera podemos imaginar. Quizás en un futuro no muy lejano, los creadores de contenido podrán utilizar la IA para generar mundos enteros a partir de descripciones textuales, o para crear experiencias multisensoriales que vayan más allá de lo audiovisual.

Prompt: En un estilo de cómic 3D vibrante, tres directores de cine icónicos - Quentin Tarantino, Steven Spielberg y Charles Chaplin - están reunidos alrededor de un directorio de páginas amarillas antiguo, estudiándolo con atención. La escena está ambientada en un espacio de oficina retro estilizado, con una iluminación audaz y sombras exageradas típicas del arte de los cómics. Tarantino, Spielberg y Chaplin son representados en un estilo semicaricaturesco, con detalles sutiles que aluden a sus géneros cinematográficos (Tarantino con un rollo de película, Spielberg con una claqueta de director y Chaplin con un bastón clásico). Detrás de ellos hay estanterías llenas de libros de cine y elementos de utilería de películas clásicas, creando un ambiente que se siente tanto nostálgico como inmerso en la historia del cine.

Escena 8: DirectorIA

En este directorio, encontrarás una recopilación de herramientas de inteligencia artificial diseñadas específicamente para el sector audiovisual, que te servirán como recursos valiosos para potenciar tu creatividad y mejorar la eficiencia en tus proyectos. Es fundamental recordar que el mundo de la inteligencia artificial está en constante evolución, con nuevas herramientas y tecnologías emergiendo diariamente. Cada herramienta tiene el potencial de ser utilizada de múltiples maneras, dependiendo de tu creatividad.

Edición

app.Pixverse.ai

Crea un breve video de presentación para un proyecto audiovisual utilizando Pixverse. Experimenta con diferentes efectos y transiciones para contar tu historia visualmente, y reflexiona sobre cómo la herramienta mejora tu flujo de trabajo creativo.

Clipchamp.com

Selecciona un video corto de un proyecto anterior y utiliza Clipchamp para editarlo, aplicando al menos tres efectos diferentes y una transición creativa. Una vez terminado, comparte el resultado en tus redes sociales y pide feedback sobre la edición.

Kapwing.com

Utiliza Kapwing para crear un video corto de estilo "stop motion" utilizando imágenes de tu entorno cotidiano. Experimenta con la edición de velocidad y efectos. Comparte tu creación en tus redes sociales y anima a tus seguidores a probarlo.

WeVideo.com
Crea un video de presentación personal de 1 minuto utilizando WeVideo. Incluye clips de video, imágenes y música de fondo de su biblioteca. Luego, comparte el video con un amigo y pídeles que te den su opinión sobre tu estilo de edición y la narrativa que has construido.

Filmora
Importa una grabación extensa de una entrevista o diálogo. Utiliza la función de detección de silencios para eliminar las pausas largas, y luego revisa cómo ha mejorado el ritmo del video, comparando la versión original con la editada.

Runway.ml
Importa un video en bruto de tu proyecto a Runway y utiliza sus herramientas de IA para optimizar la edición. Experimenta con la función de corte automático inteligente, que puede identificar los momentos más relevantes y crear un montaje coherente.

Audio

Suno.com
Elige un tema o emoción que desees explorar musicalmente y utiliza Suno para componer una canción que refleje ese sentimiento. Experimenta con diferentes géneros y estilos, y comparte tu creación con un grupo de amigos para recibir su opinión sobre la letra y la melodía.

Auphonic.com
Sube una grabación de voz a Auphonic y utiliza sus herramientas para mejorar la calidad del audio. Compara la grabación original con la versión procesada y reflexiona sobre cómo estos ajustes impactan la percepción de tu contenido.

Synthesia.io

Escribe un breve guion de diálogo y utiliza Synthesia para crear voces sintéticas para cada personaje. Experimenta con diferentes acentos y tonos. Luego, combina el audio generado con imágenes o videos que ilustren la historia que has creado.

Jamahook.com

Crea una pista musical original en Jamahook para acompañar una escena específica de un proyecto audiovisual en el que estés trabajando. Prueba diferentes estilos y melodías, y reflexiona sobre cómo la música influye en la atmósfera y la emoción de la escena.

Fineshare.com

Graba una breve narración o diálogo utilizando Fineshare y aplica las herramientas de limpieza y mejora de audio. Luego, compara la calidad del sonido antes y después de la edición, y reflexiona sobre cómo estas mejoras impactan la percepción del contenido.

Sonantic.ai

Describe una escena de acción o un ambiente específico de tu proyecto audiovisual y utiliza Sonantic para generar efectos de sonido personalizados. La IA puede crear una variedad de sonidos, desde ambientes sutiles hasta efectos dramáticos, basándose en tus descripciones. Experimenta combinando diferentes capas de sonido para crear una atmósfera sonora rica y envolvente.

Contenido Visual

app.Artflow.ai

Describe una escena clave de tu proyecto audiovisual y utiliza Artflow para generar una imagen que represente esa escena, explorando cómo la herramienta refleja tu visión creativa.

app.Haiper.ai

Escribe un breve guion de 30 segundos sobre un tema de tu elección y utiliza Haiper para convertir ese texto en un video animado, experimentando con diferentes estilos y elementos visuales para hacer que tu mensaje cobre vida.

HeyGen.com

Escribe un breve discurso o presentación sobre un tema que te apasione y utiliza HeyGen para crear un video con un avatar que lo presente, explorando cómo la visualización de tu mensaje puede impactar a la audiencia.

Pika.art

Escribe una breve descripción de un personaje o escenario de tu proyecto audiovisual y utiliza Pika Art para generar una ilustración que represente tu visión. Luego, reflexiona sobre cómo esta imagen puede enriquecer tu narrativa visual.

LumaLabs.ai

Imagina que estás creando un tráiler para tu película favorita. Escribe una breve sinopsis que capture la esencia de la historia y usa Dream Machine para generar un video que ilustre el clímax de la trama. Después, analiza cómo el video refleja el tono y la emoción de tu sinopsis, y considera qué elementos visuales podrían mejorar aún más la narrativa.

Boords.com

Describe una secuencia de tu proyecto audiovisual y utiliza la función de IA de Boords para generar automáticamente un storyboard. La herramienta puede crear bocetos basados en tus descripciones, sugerir ángulos de cámara y proponer transiciones entre escenas. Experimenta con diferentes estilos visuales y analiza cómo el storyboard generado por IA puede ayudarte a visualizar y refinar tu narrativa antes de la producción.

Claude.ai
Escribe una breve sinopsis para una serie o video corto y utiliza Claude.ai para expandirla en una narrativa completa con personajes, diálogos y desarrollo de trama, explorando cómo la IA puede inspirar nuevas direcciones creativas.

Copy.ai
Escribe el concepto de un nuevo video para tu canal y usa Copy.ai para generar un guion detallado que incluya el diálogo, introducciones atractivas y cierres convincentes.

Rytr.me
Proporciona el tema de un video o una idea básica y deja que Rytr genere un guion optimizado, añadiendo sugerencias para diferentes estilos de escritura o tonos narrativos.

ChatGPT
Plantea una serie de preguntas clave sobre tu historia o contenido y permite que ChatGPT te ayude a estructurar tu guion respondiendo a esas preguntas y sugiriendo mejoras en la narrativa.

Writesonic.com
Describe el concepto de un tutorial o video informativo y usa Writesonic para generar un guion claro y conciso, optimizando el contenido para retener la atención de la audiencia.

Final Draft AI
Utiliza la función de inteligencia artificial de Final Draft para analizar tu guion en desarrollo. La IA puede sugerir mejoras en la estructura dramática, identificar inconsistencias en los personajes, y proponer alternativas de diálogo que se ajusten mejor al estilo y tono de cada personaje, ayudándote a pulir tu guion de manera más eficiente.

Trello.com

Crea una lista de tareas para la producción de un video o película, asignando tarjetas para cada etapa del proceso y utiliza la IA para automatizar recordatorios y actualizaciones de progreso.

Notion AI

Genera un esquema detallado de las fases de desarrollo de tu próximo proyecto audiovisual y deja que Notion AI sugiera posibles mejoras en la estructura o nuevas tareas que podrías haber pasado por alto.

Frame.io

Sube una versión preliminar de tu video o cortometraje y colabora con tu equipo utilizando la función de comentarios con IA, que te permite identificar automáticamente posibles áreas de mejora.

Wrike.com

Organiza un proyecto de video desde la preproducción hasta la postproducción, utilizando la inteligencia artificial de Wrike para priorizar tareas, sugerir cronogramas más eficientes y gestionar la colaboración entre distintos departamentos.

clickup.com/ai

Crea un calendario de rodaje para tu próximo proyecto audiovisual y permite que ClickUp AI te sugiera formas de optimizar los horarios de producción, maximizando el tiempo y reduciendo conflictos.

Asana AI

Utiliza la inteligencia artificial de Asana para planificar y ejecutar tu proyecto audiovisual. Permite que la IA genere automáticamente listas de tareas basadas en el tipo de producción, sugiera plazos realistas, y redistribuya recursos de manera eficiente cuando surjan imprevistos durante el proceso de producción.

Análisis de datos

TubeBuddy

Analiza el rendimiento de tus videos en YouTube y utiliza las sugerencias de TubeBuddy para optimizar los títulos, etiquetas y descripciones, mejorando tu posicionamiento y alcance.

VidIQ

Sube un video a YouTube y permite que VidIQ analice las métricas de audiencia, sugiriendo ajustes en la estrategia de publicación, como el mejor momento para subir o palabras clave recomendadas

Social Blade

Monitorea las estadísticas de tus redes sociales y utiliza Social Blade para identificar patrones de crecimiento en tu audiencia, aplicando esos datos para mejorar la promoción de tu contenido audiovisual en las plataformas más efectivas.

BuzzSumo

Investiga las tendencias más populares relacionadas con tu nicho audiovisual, y usa BuzzSumo para generar ideas de contenido que estén alineadas con lo que actualmente está captando la atención del público en redes sociales y medios digitales.

chequeando.com/Desgrabador

Elige un video de YouTube relevante para tu proyecto, utiliza la herramienta para desgrabarlo, analízalo y saca los 5 puntos más importantes para un nuevo libreto.

Google Analytics for Firebase

Implementa esta herramienta para analizar el comportamiento de los usuarios en tu aplicación móvil de contenido audiovisual. Utiliza los datos de engagement, retención y conversión para optimizar la experiencia del usuario y mejorar la distribución de tu contenido en plataformas móviles.

Canva

Crea una miniatura atractiva para un video o película, utilizando Canva para generar gráficos optimizados y diseñados con IA que aumenten las probabilidades de que el contenido sea seleccionado por el público.

AdCreative.ai

Genera varias versiones de anuncios para tu proyecto audiovisual con AdCreative.ai, probando diferentes enfoques visuales y textos, y utilizando la IA para identificar cuál de ellos tiene mayor potencial de conversión.

HubSpot

Diseña una campaña de email marketing para promocionar un corto o video usando HubSpot, y aprovecha la IA para personalizar los mensajes según las interacciones y preferencias del público,.

Hootsuite

Programa las publicaciones de tus contenidos audiovisuales en múltiples redes sociales utilizando Hootsuite, y permite que la IA te sugiera los mejores momentos y formatos.

MarketMuse

Crea contenido de alta calidad optimizado para SEO utilizando MarketMuse, que utiliza inteligencia artificial para analizar tus temas y sugerir contenido relevante y gaps que puedes llenar. Esta herramienta te ayuda a planificar una estrategia de contenido efectiva y a mejorar tu visibilidad en los motores de búsqueda, maximizando el alcance de tu proyecto audiovisual.

Prompt: En un estilo ilustrativo y detallado, muestra una máquina de producción audiovisual única, con la mitad inferior como una máquina de escribir clásica que tiene una figura robótica holográfica en la parte superior. La máquina reposa sobre una hoja de papel blanca, simbolizando la creatividad desde cero, con el operador humano escribiendo, una consola de mezcla de sonido y el equipo de edición a su lado. La atmósfera es cálida e inspiradora, equilibrando la sensación futurista con un espacio de trabajo acogedor e innovador, representando las posibilidades ilimitadas que la IA aporta al viaje creativo.

Escena 9: La oportunidad es esta

9.1. El prompt que abre puertas

En medio de la transformación digital que vivimos, la inteligencia artificial (IA) ha comenzado a infiltrarse en todas las áreas de la vida, y la industria audiovisual no es la excepción. Independientemente de tu rol en la producción —ya seas microfonista, youtuber, productor o cualquier otro profesional—, una prompt tan sencillo como:

> "Soy [tu profesión u oficio en el ámbito audiovisual] y me gustaría que me indicaras cómo la inteligencia artificial puede potenciar mi trabajo, optimizar mis procesos y brindarme nuevas oportunidades de crecimiento en mi carrera."

Puede ser el catalizador de una revolución personal y profesional.

La inteligencia audiovisual no solo se trata de herramientas tecnológicas avanzadas, sino de un nuevo enfoque en cómo abordamos el proceso creativo, cómo optimizamos el tiempo y cómo alcanzamos resultados que antes parecían fuera de nuestro alcance. Al hacer esta pregunta, estás reconociendo la capacidad de la IA no solo para hacer más eficiente tu trabajo, sino para expandir las fronteras de lo posible.

Esta simple consulta abre un mundo de posibilidades: desde la manera en que realizas tus tareas cotidianas, hasta cómo conectas con audiencias y exploras nuevas formas de contar historias. La IA está diseñada para ayudarte a potenciar lo que haces, liberando tiempo y recursos para que puedas concentrarte en lo esencial: la creatividad, la innovación y el arte.

El desafío ya no es si la IA es útil o relevante en tu campo, sino cómo puedes integrarla de manera que enriquezca tu labor. La respuesta está ahí, esperando que te atrevas a hacer la pregunta.

9.2. IA y la calidad de vida

La inteligencia artificial (IA) aplicada a la producción audiovisual está generando un impacto profundo y positivo en la vida de las personas, transformando la manera en que trabajamos y vivimos. Lejos de ser una amenaza, esta tecnología ofrece oportunidades para que tanto creadores independientes como empresarios optimicen sus procesos, mejoren su calidad de vida y alcancen un equilibrio más saludable entre el trabajo y el tiempo libre.

Para el creador independiente, la IA ofrece una oportunidad sin precedentes para maximizar su potencial creativo y diversificar sus fuentes de ingresos. El tiempo ahorrado puede ser reinvertido no solo en más proyectos, sino también en actividades personales o tiempo de descanso, algo que tradicionalmente ha sido un desafío para quienes se dedican al trabajo creativo por cuenta propia. Con herramientas impulsadas por IA, los creadores pueden acceder a recursos que antes solo estaban al alcance de grandes estudios, democratizando el acceso a tecnologías de vanguardia.

La IA también puede ayudar a los creadores independientes a explorar nuevas oportunidades de negocio. Por ejemplo, permite generar contenido personalizado y analizar las preferencias del público para maximizar el impacto de sus creaciones. El resultado final es un estilo de vida más equilibrado, donde el trabajo creativo y la calidad de vida no tienen que estar en conflicto.

Desde la perspectiva empresarial, la IA también puede ser una herramienta revolucionaria para mejorar la calidad de vida de los empleados y fomentar un entorno laboral más justo y equilibrado. Al automatizar tareas repetitivas y operativas, como la gestión de datos, análisis o procesos de postproducción, los empresarios pueden reducir la carga de trabajo de sus empleados sin comprometer la productividad ni la calidad del contenido final. Esto puede significar menos horas en la oficina, jornadas laborales más cortas, pero sin reducir los salarios, creando así un entorno más humano y sostenible.

La implementación de la IA en la producción audiovisual puede ayudar a los empresarios a optimizar sus procesos y reducir costos operativos, lo que a su vez libera recursos que pueden invertirse en mejorar las condiciones laborales o en fomentar la creatividad dentro del equipo. En lugar de ver la IA como una herramienta de reducción de personal, el enfoque se convierte en cómo esta tecnología puede complementar las capacidades humanas, permitiendo que los empleados dediquen más tiempo a las actividades que requieren su toque personal y creativo. Esta sinergia permite a las empresas una mayor competitividad y al mismo tiempo garantizar una mayor satisfacción laboral para sus empleados.

Al mejorar la eficiencia de los procesos, tanto creadores independientes como empresarios pueden dedicar más tiempo a la innovación, la formación y, lo más importante, a disfrutar de un equilibrio entre el trabajo y la vida personal. En este contexto, la IA se convierte en un facilitador que permite a las personas trabajar de manera más inteligente y no necesariamente más dura. La idea no es trabajar más horas, sino hacer que esas horas sean más productivas y satisfactorias. El mensaje es claro: la inteligencia artificial no es solo una herramienta para optimizar la producción, sino también un vehículo para mejorar la calidad de vida, abriendo nuevas oportunidades para todos los que forman parte de la industria audiovisual.

9.3. ¡Y cooorten!

La película de la inteligencia artificial en el mundo audiovisual está lejos de haber terminado. De hecho, estamos apenas en los primeros minutos de una obra épica que transformará la industria tal como la conocemos. Y aquí es donde tú, lector-productor, juegas un papel esencial. Cada página de este libro ha buscado enseñarte que la IA no es solo una herramienta técnica o un concepto abstracto. Es una llave que abre nuevas puertas a la imaginación, a la eficiencia, y sobre todo, a la creatividad.

No es casualidad que te hayas sumergido en este mundo. Algo dentro de ti, quizás una chispa de curiosidad o una necesidad de evolucionar en tu trabajo, te ha impulsado a explorar cómo la IA puede ser una aliada. Lo que hemos explorado juntos va más allá de lo práctico: se trata de una nueva mentalidad, una forma de ver la tecnología no como una amenaza, sino como un colaborador que amplía tus horizontes creativos.

Este es el momento en el que debes recordar la premisa fundamental de este viaje: "La creatividad es la reina". Y aunque la inteligencia artificial puede hacer maravillas para facilitar y optimizar el trabajo, nunca reemplazará la esencia de lo que nos hace humanos: nuestra capacidad de soñar, de conectar emocionalmente y de crear arte que trasciende el tiempo.

La IA te ayudará a eliminar el ruido, automatizar lo tedioso, agilizar lo complejo. Pero cuando las cámaras están rodando, cuando las luces se encienden y cuando llega la hora del corte final, quien define el curso de la historia eres tú. Tu voz, tu mirada, tu estilo personal son los que le dan vida a una producción. La IA es el copiloto que te permite volar más alto, pero nunca olvides que quien lleva el control eres tú.

En este punto, te invito a reflexionar sobre el papel que quieres desempeñar en la evolución de esta industria. Las reglas del juego están cambiando, y la innovación tecnológica es imparable. ¿Te quedarás observando desde las sombras o serás parte activa de la transformación? No hay un guion preescrito para esto; el final está abierto y depende de ti escribirlo.

Lo que viene no es el fin de la historia, sino un nuevo comienzo. "¡Y cooorten!" no significa que la película ha terminado. Más bien, es una pausa para que puedas tomar el mando de tu propio set creativo. Desde aquí, puedes replantear tus proyectos, repensar tu proceso, y empezar a integrar las herramientas que la inteligencia artificial te ofrece para hacer de tu trabajo algo aún más extraordinario.

La creatividad es inagotable, y tú tienes todo lo necesario para explorar sus límites. Como lo has visto en cada capítulo, la IA está aquí para inspirarte, para liberarte de las restricciones técnicas y logísticas, para que dediques más tiempo a lo que verdaderamente importa: crear. Aprovecha este poder, pero úsalo sabiamente. El equilibrio entre la mente humana y la tecnología será la clave para el futuro.

Así que este es tu momento. La historia apenas comienza. Las posibilidades son infinitas, y tú, con todo lo aprendido aquí, estás más que preparado para liderar esta revolución creativa. Como en todo buen final de una película memorable, te dejo con una última reflexión:

¡Adelante,
sigue aprendiendo,
sigue cureoseando,
sigue creando,
y cooorten!

Dedicado a ti, que llegaste hasta aquí.